भारतीय स्मारकों का संरक्षण

शिव प्रसाद बोस और जय बोस

Published by Joy Bose

विषय – सूची

समर्पण

यह पुस्तक उन सभी को समर्पित है जो भारत की प्राचीन पुरातत्व विरासत के संरक्षण में शामिल रहे हैं।

प्रस्तावना

भारत का इतिहास समृद्ध और संरक्षण के योग्य है। भारत में मंदिरों, मस्जिदों, मकबरों, प्राचीन शहर के खंडहरों, महलों और अन्य स्मारकों की संख्या चौंका देने वाली है। आज भी पुरातत्वविदों को नए-नए स्थानों पर महान स्मारकों के अवशेष मिल रहे हैं।

दुख की बात है कि विभिन्न कारकों जैसे विकास, क्षरण आदि ने हमारी प्राचीन विरासत को नुकसान पहुंचाया है और अभी भी नुकसान पहुंचा रहे हैं। शहरों का अनियोजित विस्तार, नई सड़कों और शॉपिंग मॉल और रिहायशी इलाकों का निर्माण, अप्रतिबंधित पर्यटन, ये सब अक्सर हमारी पुरातत्व विरासत को नुकसान पहुंचाते हैं।

इस पुस्तक में हम पाठकों को प्राचीन इमारतों और स्मारकों के संरक्षण से संबंधित कुछ अवधारणाओं से परिचित कराते हैं। हम भारत के पुरातत्व सर्वेक्षण, उसके इतिहास और उद्देश्यों के बारे में चर्चा करते हैं। हम वेनिस चार्टर और बुर्रा चार्टर जैसे विश्व समझौते पेश करते हैं जो विरासत के संरक्षण के सिद्धांतों से संबंधित हैं। फिर हम कुछ प्रसिद्ध प्राचीन और मध्ययुगीन स्मारकों के संरक्षण और जीर्णोद्धार में उनके उपयोग को दिखाते हुए कुछ वास्तविक संरक्षण और बहाली तकनीकों पर चर्चा करते हैं।

आशा है कि यह पुस्तक रुचि रखने वाले पाठकों को संरक्षण की अवधारणाओं और तकनीकों के बारे में उपयोगी जानकारी प्रदान करेगी। इस संस्करण में 3D स्कैनिंग, LiDAR और कृत्रिम बुद्धिमत्ता जैसी डिजिटल तकनीकों की बढ़ती भूमिका, भारत की निर्मित विरासत के लिए जलवायु परिवर्तन की तत्काल चुनौती, तथा दक्षिण-पूर्व एशिया और उससे परे अंतर्राष्ट्रीय विरासत संरक्षण में भारत की विस्तृत होती भूमिका जैसे नए विषयों को भी शामिल किया गया है।

स्वीकृतियाँ

इस पुस्तक को लिखते समय निम्नलिखित महत्वपूर्ण पुस्तकों और संदर्भों का सहारा लिया गया:

- AK Seshadri. Conservation of Monuments in India. Book India Publishing Co, Delhi.
- G Thomson (Eds.) Recent Advances in Conservation. Butterworths.
- CPWD, Government of India. Conservation of Heritage Buildings: A Guide.
- National Policy for Conservation of the Ancient Monuments, Archeological Sites and Remains.
- Batra, N. L. (1996). Heritage Conservation: Preservation and restoration of monuments. Aryan Books International
- Custodians of the past: 150 years of the Archaeological Survey of India by Gautam Sengupta (editor); Abha Narain Lambah (editor). Archaeological Survey of India, Ministry of Culture, Government of India, 2012
- ICOMOS Australia. The Burra charter. 2013
- NPTEL course on Architectural Conservation And Historic Preservation By Prof. Sanghamitra Basu, IIT Kharagpur.
- Archaeological Survey of India. National Conservation Policy, 2014. Ministry of Culture, Government of India.
- ICOMOS. The Nara Document on Authenticity. ICOMOS, 1994.
- Vivekananda International Foundation. India's Role in the Conservation of Cultural Heritage in Southeast Asia. July 2024.

- Press Information Bureau, Government of India. Measures to Preserve Cultural Sites from the Adverse Impact of Environment. 2024.

नोट: जब तक अन्यथा उल्लेख न किया जाए, ऐतिहासिक स्थलों की तस्वीरें (जो विकिमीडिया से नहीं ली गई हैं) लेखकों द्वारा व्यक्तिगत रूप से ली गई हैं।

अध्याय 1: संरक्षण के सिद्धांतों का परिचय

इस अध्याय में हम प्राचीन स्मारकों के संरक्षण के कुछ सिद्धांतों की चर्चा करेंगे।

भारत के पास एक विशाल सांस्कृतिक विरासत है और संरक्षण के योग्य कई ऐतिहासिक प्राचीन, मध्यकालीन और यहां तक कि आधुनिक स्मारक भी हैं। इनमें मंदिर, मस्जिद और चर्च जैसी धार्मिक इमारतें, महलों और हवेलियों जैसी धर्मनिरपेक्ष आवासीय इमारतें, साथ ही किले जैसी सैन्य इमारतें शामिल हैं। इस तरह के स्मारक लोगों को प्रेरित करते हैं और हमें हमारे प्राचीन इतिहास और हमारे पूर्वजों की स्थापत्य प्रतिभा और आज के भारत को बनाने वाली विभिन्न संस्कृतियों के बारे में विस्मय का एहसास कराते हैं।

इनमें से कई इमारतें धन की कमी और अनियोजित विकास सहित विभिन्न कारणों से क्षय या उपेक्षा की अलग-अलग अवस्थाओं में हैं।

1.1 संरक्षण का अर्थ

संरक्षण शब्द एक ऐसा शब्द है जो आमतौर पर पुराने स्मारकों के संरक्षण के संदर्भ में प्रयोग किया जाता है। यह स्मारकों को क्षय और क्षति को रोकने के लिए की गई कार्रवाइयों को संदर्भित करता है। इसमें हमारी सांस्कृतिक विरासत के संरक्षण की दिशा में लक्षित सभी संबंधित कार्य शामिल हैं।

बर्रा चार्टर के अनुसार, सांस्कृतिक महत्व का अर्थ अतीत, वर्तमान या भावी पीढ़ियों के लिए सौंदर्यपरक, ऐतिहासिक, वैज्ञानिक, सामाजिक या आध्यात्मिक मूल्य है। संरक्षण का अर्थ है किसी स्थान की देख-रेख की सभी प्रक्रियाएँ ताकि उसके सांस्कृतिक महत्व को बनाए रखा जा सके।

आम तौर पर, संरक्षण में निम्नलिखित गतिविधियाँ शामिल होती हैं: भवन या साइट के आसपास पारिस्थितिकी और पर्यावरण का संरक्षण, समेकन, बहाली, पुनर्निर्माण, प्रत्यारोपण और संरक्षण।

निम्नलिखित अनुभागों में, हम इनमें से प्रत्येक पर विस्तार से चर्चा करते हैं।

1.2 परिरक्षण

परिरक्षण से तात्पर्य किसी स्मारक को उसके वर्तमान स्थान पर संरक्षित करने और बनाए रखने के लिए दिन-प्रतिदिन की जाने वाली कार्रवाइयों से है, जैसे कि इसे साफ रखना और इसे बर्बरता से बचाना। इसमें स्मारक को होने वाले नुकसान को रोकने के लिए की गई कार्रवाइयाँ भी शामिल हैं जैसे स्मारक की संरचना को नुकसान पहुँचाने वाली बढ़ती वनस्पति को काटना, छतों और दीवारों से बारिश के पानी के रिसाव जैसे पानी के रिसाव को रोकना।

बर्रा चार्टर के अनुसार, परिरक्षण का अर्थ "अपनी मौजूदा स्थिति में एक स्थान बनाए रखना और आगे की गिरावट को रोकना" माना जाता है। भारतीय पुरातत्व सर्वेक्षण (ASI) द्वारा संरक्षित प्राचीन स्मारकों और पुरातत्व स्थलों के संरक्षण के लिए राष्ट्रीय नीति के अनुसार, उच्च पुरातात्विक मूल्य वाले स्मारकों के मामले में संरक्षण प्रमुख उद्देश्य होना चाहिए। ये पुरातात्विक स्थल या किसी स्मारक के अवशेष या सजावटी विशेषताओं वाले स्मारकों के हिस्से हैं, जिनमें लागू अलंकरण, जैसे कि दीवार पेंटिंग, शिलालेख और सुलेख, मूर्तियां, आदि शामिल हैं।

भारत में साइटों पर ASI द्वारा किए गए संरक्षण के कुछ उदाहरणों में निम्नलिखित शामिल हैं:

- आगरा में ताजमहल में, ASI ने आसपास के औद्योगिक क्षेत्रों से प्रदूषण के कारण स्मारक की क्षति और रंग हटाने के लिए रासायनिक उपचार का इस्तेमाल किया।
- मुंबई में एलिफेंटा की गुफाओं में, ASI ने चट्टान को स्थिर करने और विभिन्न गुफाओं में मूर्तियों के संरक्षण का काम किया।

1.3 समेकन

समेकन का तात्पर्य स्मारकों के क्षतिग्रस्त या खराब हिस्सों को उनके वर्तमान स्थानों में सुधारने या बदलने के लिए की गई कार्रवाइयों से है। इसका उद्देश्य इसकी संरचनात्मक अखंडता और इसके सौंदर्यशास्त्र को भी संरक्षित करना है।

इसमें स्मारकों की ग्राउटिंग, दीवार चित्रों को सुरक्षित करने के लिए सीमेंट या चिपकने वाली सामग्री का इंजेक्शन और समेकन के समान कार्य जैसी चीजें शामिल हो सकती हैं।

भारत में ASI द्वारा किए गए समेकन के उदाहरणों में निम्नलिखित शामिल हैं:

- आगरा में ताजमहल में, ASI ने इसकी संगमरमर की सतहों और जटिल नक्काशी को संरक्षित करने के लिए सफाई और बहाली का काम किया।
- दिल्ली के लाल किले में ASI ने दीवारों की मरम्मत का काम किया।
- ओडिशा के कोणार्क सूर्य मंदिर में, 20वीं शताब्दी की शुरुआत में, मुख्य हॉल में रेत और पत्थर डालकर और आगंतुकों से मुख्य भवन के अंदर सील करके संरचनात्मक अखंडता को बनाए रखने का काम किया गया था।

1.4 बहाली (जीर्णोद्धार)

जीर्णोद्धार में स्मारकों के लापता या सड़े हुए हिस्सों की मरम्मत और पुनर्स्थापना के लिए की गई कार्रवाई शामिल है ताकि जीवित हिस्सों के समान हो, और उनके मूल स्वरूप और स्थिति को बनाए रखा जा सके। जीर्णोद्धार करने वाली टीम को स्मारक के निर्माण के लिए उपयोग की जाने वाली मूल सामग्रियों और तकनीकों के बारे में शोध के आवश्यक ऐतिहासिक ज्ञान तक पहुंच होनी चाहिए। जितना संभव हो, उन्हें जीर्णोद्धार करते समय मूल के समान सामग्री और तकनीकों का उपयोग करना चाहिए।

बुर्रा चार्टर के अनुसार, जीर्णोद्धार को "नई सामग्री के परिचय के बिना अभिवृद्धि को हटाकर या मौजूदा तत्वों को फिर से जोड़कर एक ज्ञात पूर्व स्थिति में वापस लाने के रूप में परिभाषित किया गया है।" स्मारकों के पुनर्निर्माण और 3D प्रिंटिंग जैसी आधुनिक तकनीकों का उपयोग स्मारक को उसके पूर्व आकार में बेहतर और अधिक सटीक रूप से बहाल करने के लिए उपकरण के रूप में किया जा सकता है।

ASI द्वारा संरक्षित प्राचीन स्मारकों और पुरातत्व स्थलों के संरक्षण के लिए राष्ट्रीय नीति के अनुसार, उच्च स्थापत्य मूल्य वाले स्मारकों पर और स्मारक के केवल उन हिस्सों में बहाली की जा सकती है जिनमें ज्यामितीय या पुष्प पैटर्न या स्मारक के संरचनात्मक सदस्य गायब हैं। हाल ही में क्षतिग्रस्त हो गए हैं। किसी भी कीमत पर, एक पूरी इमारत को पुनर्स्थापित करने के प्रयास की अनुमति नहीं दी जानी चाहिए क्योंकि यह इतिहास को गलत साबित करेगा और इसकी प्रामाणिकता से समझौता करेगा। इसी तरह, दीवार चित्रों, शिलालेखों, सुलेख और मूर्तियों जैसी सजावटी सुविधाओं को भी बहाल नहीं किया जाना चाहिए।

प्राचीन स्मारकों और स्थलों पर ASI द्वारा किए गए जीर्णोद्धार के उदाहरणों में शामिल हैं:

- मूर्तियों और नक्काशियों को संरक्षित करने के लिए मुंबई में अजंता की गुफाओं में ASI द्वारा किया गया जीर्णोद्धार कार्य।
- सांची स्तूप में, मध्य प्रदेश में एक प्रसिद्ध बौद्ध स्तूप, स्तूप और नक्काशी और मूर्तियों को संरक्षित करने के लिए जीर्णोद्धार का काम किया गया है।

चित्र: गुजरात में सोमनाथ मंदिर, आजादी के बाद फिर से बनाया गया। *Ms Sarah Welch, CC BY-SA 4.0 <https://creativecommons.org/licenses/by-sa/4.0>, via Wikimedia Commons*

1.5 पुनर्निर्माण

बुर्रा चार्टर के अनुसार, पुनर्निर्माण को "पर्याप्त साक्ष्य होने पर किसी ज्ञात स्थान पर वापस जाने" के रूप में परिभाषित किया गया है। यह नई सामग्री के उपयोग से बहाली से अलग है।

ASI द्वारा संरक्षित प्राचीन स्मारकों और पुरातत्व स्थलों के संरक्षण के लिए राष्ट्रीय नीति के अनुसार, ऐसे स्मारकों के लिए पुनर्निर्माण किया जा सकता है जिसमें इस तरह का हस्तक्षेप ही एकमात्र तरीका है जिससे उनकी अखंडता/संदर्भ को बनाए रखा जा सकता है और जिसके बिना उनका अस्तित्व असंभव है। पुनर्निर्माण का प्रयास केवल अत्यधिक मामलों में किया जाना चाहिए, जैसे किसी आपदा (प्राकृतिक या मानव प्रेरित) या संरचनात्मक विफलता के प्रभाव के कारण क्षति या विनाश, और केवल साक्ष्य के आधार पर किया जाना चाहिए न कि अनुमान के आधार पर।

भारत में प्राचीन स्मारकों पर पुनर्निर्माण के कुछ उदाहरणों में निम्नलिखित शामिल हैं:

- गुजरात में सोमनाथ मंदिर का पुनर्निर्माण आजादी के बाद मूल मंदिर के डिजाइन के आधार पर किया गया था।
- हम्पी में विजय विट्ठल मंदिर का भी पुनर्निर्माण किया गया था, जिसमें कुछ हिस्से जैसे क्षतिग्रस्त स्तंभ और छोटे मंदिर पुनर्निर्माण का हिस्सा थे।

1.6 प्रत्यारोपण

प्रत्यारोपण स्मारक को हटाने और उसी स्मारक के समान या समान सामग्री के साथ लेकिन एक अलग साइट पर पुनर्निर्माण के लिए की गई कार्रवाइयों को संदर्भित करता है। कुछ मामलों में निष्कासन ईंट दर ईंट किया जा सकता है। स्मारक के चरित्र और मौलिकता को बदले बिना प्रत्यारोपण किया जाना चाहिए।

इन निस्तारण कार्यों के परिणामस्वरूप कई स्मारकों को नष्ट होने से बचाया गया है और उन्हें भावी पीढ़ी के लिए बचाया गया है। एक स्मारक का प्रत्यारोपण आमतौर पर आवश्यकता के मामले में किया जाता है। उदाहरण तब हो सकते हैं जब एक बांध, सड़क या भवन का निर्माण उसी स्थान पर किया जा रहा हो जहां स्मारक स्थित है और जो उसके अस्तित्व को खतरे में डालता है। इसकी आवश्यकता तब भी हो सकती है जब साइट की संरचनात्मक अखंडता को किसी भी कारण से खतरा हो, और इसलिए इसे बचाने के लिए स्मारक को प्रत्यारोपित किया जाना चाहिए।

संरक्षण के लिए राष्ट्रीय नीति के अनुसार, किसी स्मारक का प्रत्यारोपण या स्थानान्तरण दुर्लभतम परिस्थितियों में ही किया जाना चाहिए, और यह केवल स्मारक की अखंडता की रक्षा के लिए एक साधन के रूप में किया जाना चाहिए।

1960 के दशक में नागार्जुनकोंडा के अवशेषों को नागार्जुनकोंडा में प्रत्यारोपित करने और पास की एक पहाड़ी पर उनका पुनर्निर्माण करने का एक उदाहरण है, इससे पहले कि वे नागार्जुनसागर बांध में डूब गए थे।

1.7 पर्यावरण और पारिस्थितिकी का संरक्षण

स्मारकों के संरक्षण के लिए गतिविधियाँ करते समय, स्मारक के आसपास की पारिस्थितिकी और पर्यावरण के पहलुओं पर ध्यान देना और उन्हें नष्ट होने से बचाना भी महत्वपूर्ण है। इसमें पेड़ और जल निकाय और यहां तक कि स्मारक के आसपास रहने वाले वन्यजीव और पक्षी जैसी चीजें शामिल हो सकती हैं। उदाहरण के लिए, किसी स्मारक या स्थल के आस-पास का पर्यावरण प्रदूषण स्मारक को महत्वपूर्ण रूप से नुकसान पहुँचा सकता है और इसलिए इसे रोका जाना चाहिए।

भारत में विरासत स्मारकों के आसपास पर्यावरण और पारिस्थितिकी के संरक्षण का एक उदाहरण आगरा में ताजमहल का मामला है। चूंकि ताजमहल को आगरा में आसपास के कारखानों और औद्योगिक क्षेत्र से भारी प्रदूषण की समस्या का सामना करना पड़ रहा था, इसलिए भारत के सर्वोच्च न्यायालय ने प्रदूषण फैलाने वाले उद्योगों को बंद करने और ताजमहल के आसपास एक अनिवार्य प्रदूषण मुक्त क्षेत्र बनाने का आदेश दिया।

1.8 समय के साथ स्मारकों में विनाश का कारण बनने वाले कारक

समय के साथ स्मारकों के विनाश और क्षय का कारण बनने वाले कुछ कारक इस प्रकार हैं:

वायुमंडलीय क्षय: यह सूरज और बारिश जैसे वातावरण के तत्वों के लगातार संपर्क में आने के कारण हो सकता है।

वायुमंडलीय प्रदूषण: यह उन क्षेत्रों में स्मारकों को नुकसान पहुंचा सकता है जहां औद्योगिक प्रदूषण या वाहन उत्सर्जन से होने वाला प्रदूषण हवा में अपशिष्ट छोड़ता है, जो आसपास की इमारतों को नुकसान पहुंचाता है।

चित्र: कंबोडिया में प्रसिद्ध ता प्रोहम (ब्रह्मा) मंदिर की इमारतों पर एक पेड़ की जड़ें। लेखक द्वारा लिया गया फोटो।

वनस्पति की जड़ें: हो सकता है कि वर्षों से पेड़ों ने स्मारकों की दीवारों में अपनी जड़ें जमा ली हों, जिससे उन्हें अनकही क्षति हुई हो। यह अक्सर इमारत की दीवारों के साथ-साथ मंदिरों के गोपुरम और मस्जिदों के गुंबदों जैसी ऊंची संरचनाओं में होता है। इमारतों की गुहाएँ धीरे-धीरे धूल और पानी की बूंदों से भर जाती हैं, जो समय के साथ खाद बन जाती हैं। नीम जैसे पेड़ों के बीज और पक्षियों द्वारा गिराए गए अन्य पौधे, फिर इमारत की गुहाओं में इस खाद की मिट्टी में पेड़ बन जाते हैं। यह इमारत को और नुकसान पहुंचाता है क्योंकि पेड़ बढ़ने के दौरान गुहाओं का विस्तार करते हैं, जिससे दीवारों और अन्य हिस्सों में दरारें आ जाती हैं। कंबोडिया के सीम रीप में प्रसिद्ध ता प्रोह्म हिंदू मंदिर में पेड़ों की जड़ों को हुए इस नुकसान को देखा जा सकता है। इसलिए, इमारत पर उगने वाली किसी भी वनस्पति को उसके संरक्षण के लिए काट दिया जाना चाहिए।

अपक्षय: अपक्षय का क्रम स्मारकों की छतों और दीवारों पर होता है, जो लगातार धूप और बारिश के संपर्क में रहते हैं।

पानी: अक्सर स्मारकों के जल निकासी व्यवस्था में रुकावटों के कारण स्मारकों के अंदर पानी जमा हो जाता है।

आर्द्रता: आर्द्रता भी प्राचीन इमारतों को नुकसान पहुंचाने में एक भूमिका निभा सकती है, अक्सर जब यह इमारत के रखरखाव की कमी के साथ होती है।

पर्यावरण और पारिस्थितिकी में परिवर्तन: इससे स्मारकों को और नुकसान हो सकता है।

रख-रखाव की कमी और मानवीय उपेक्षा: उपेक्षा के कारण, समय के साथ स्मारक की दीवारों पर काई और लाइकेन उग सकते हैं, पत्थर और ईंटों की ऊपरी परतों को नुकसान पहुंचाकर और स्मारक के आंतरिक कोर को उजागर करके बाहरी संरचना को काफी नुकसान पहुंचा सकते हैं। इसी तरह, धूल और वनस्पति के संचय के साथ, मकड़ी के जाले कुछ ही दिनों में बन सकते हैं। इसलिए प्राचीन भवनों का नियमित रख-रखाव और सफाई की जानी चाहिए।

चित्र: महाबलीपुरम में तट मंदिर (shore temple), जो समुद्री जल के कारण आंशिक रूप से अपक्षयित है। लेखक द्वारा लिया गया फोटो।

लवणीय क्रिया: समुद्र-तट के निकट स्थित स्मारकों को समुद्र के खारे पानी से क्षति पहुँच सकती है। स्मारक बनाने वाले पत्थर या ईंट समय के साथ समुद्र के पानी से कमजोर हो सकते हैं। इसका एक उदाहरण तमिलनाडु के महाबलीपुरम

में तट मंदिर में देखा जा सकता है जो समुद्र तट पर स्थित था। कोई भी आगंतुक देख सकता है कि किनारे के मंदिर की मूर्तियां अपक्षयित हो गई हैं। ऐसे स्मारकों की सुरक्षा के लिए समुद्र के करीब लुप्तप्राय स्मारकों के चारों ओर बजरी के पत्थरों की एक दीवार खड़ी की जानी चाहिए।

चित्र: मोढेरा के सूर्य मंदिर में चमगादड़। बर्नार्ड गगनोन, CC BY-SA 3.0 <https://creativecommons.org/licenses/by-sa/3.0>, विकिमीडिया कॉमन्स के माध्यम से

जानवरों और चमगादड़ों का उपद्रव: जानवर और चमगादड़ स्मारकों को गंभीर रूप से नुकसान पहुंचा सकते हैं, जैसे कि जानवरों के मूत्र और मल के माध्यम से जो जमीनी लवण के संचय का कारण बनते हैं। कई पुराने भारतीय मंदिरों में, अंदर रहने वाले चमगादड़ों की बदबू एक सामान्य घटना है। स्मारकों के संरक्षण के लिए ऐसे जानवरों और चमगादड़ों को भगा देना चाहिए और स्मारकों की खिड़कियों और अन्य खुले स्थानों पर जालियां लगानी चाहिए।

प्राकृतिक आपदाएँ: भूकंप, तूफान, बिजली, गरज, तेज हवाएँ सभी समय के साथ स्मारकों को नुकसान पहुँचाने में भूमिका निभा सकते हैं। यहां तक कि गुरुत्वाकर्षण जैसी प्राकृतिक ताकतें भी समय के साथ इमारत के ढहने का कारण

बन सकती हैं। उदाहरण के लिए, दिल्ली में कुतुब मीनार का ऊपरी हिस्सा 1803 में भूकंप से क्षतिग्रस्त हो गया था।

भूजल स्तर में वृद्धि या कमी: इससे स्मारकों की स्थिरता को नुकसान हो सकता है।

बर्बरता: यह एक मानव जनित प्रमुख विनाशकारी कारक है जो स्मारकों को विकृत करने, दीवारों पर लिखने, भित्तिचित्रों का छिड़काव करने, विकृत करने आदि के माध्यम से स्मारकों के थोक या आंशिक विनाश का कारण बन सकता है। भारत के बहुत से महत्वपूर्ण ऐतिहासिक स्थल बर्बरता के शिकार हुए हैं। इसमें बाहरी आक्रमणकारियों द्वारा बर्बरता के ऐतिहासिक कृत्य भी शामिल हो सकते हैं, जैसे 11वीं शताब्दी में महमूद गजनवी द्वारा सोमनाथ के मंदिर का विनाश।

चोरी: ऐतिहासिक स्मारकों से कलाकृतियों की चोरी भारत में एक और बड़ी समस्या है। देवी-देवताओं की मूर्तियों, विशेष रूप से कांस्य की मूर्तियों और अन्य मूर्तियों जैसी चीजें राष्ट्रीय या अंतर्राष्ट्रीय बाजारों में, विशेष रूप से अंतर्राष्ट्रीय नीलामी में बहुत अच्छी कीमत प्राप्त कर सकती हैं। इस तरह की चोरी अक्सर अंतरराष्ट्रीय स्तर पर सक्रिय संगठित गिरोहों द्वारा की जाती है। भारत के पास कई महत्वपूर्ण स्मारकों के लिए ढीली सुरक्षा के साथ सांस्कृतिक विरासत का एक समृद्ध खजाना है, जिसके परिणामस्वरूप यह चोर गिरोहों के लिए एक प्रमुख लक्ष्य है। इसमें स्मारकों से निर्माण सामग्री की साधारण चोरी भी शामिल हो सकती है।

1.9 भारत में संरक्षण के लिए समर्पित संगठन और दिशानिर्देश

कुछ संगठन हैं जो संस्कृति और विरासत भवनों के संरक्षण के लिए समर्पित हैं। इनमें से कुछ में निम्नलिखित शामिल हैं:

- **भारतीय पुरातत्व सर्वेक्षण (ASI):** यह ब्रिटिश शासन के दौरान स्थापित किया गया था और पिछली शताब्दी या उससे अधिक में भारतीय उपमहाद्वीप में कई महत्वपूर्ण स्मारकों को बहाल करने, बचाने और संरक्षित करने का एक शानदार रिकॉर्ड है।

- **इंडियन नेशनल ट्रस्ट फॉर आर्ट एंड कल्चरल हेरिटेज (INTACH)** जो भारत में संरक्षण से संबंधित सबसे बड़ा गैर-सरकारी संगठन है, विभिन्न स्तरों पर संरक्षण के प्रयासों में भी शामिल है।
- **कई अन्य संगठन** भी संरक्षण में शामिल हैं। विशेष रूप से, आगा खान ट्रस्ट फॉर कल्चर (AKTC) भी हैदराबाद में कुतुब शाही मकबरे जैसे कई स्मारकों के संरक्षण के वित्तपोषण में शामिल है।

अंतर्राष्ट्रीय निकायों से संरक्षण के लिए कुछ दिशानिर्देश भी उपलब्ध हैं जैसे कि निम्नलिखित:

- **वेनिस चार्टर (संस्मारकों और स्थलों के संरक्षण और बहाली के लिए अंतर्राष्ट्रीय चार्टर)** को 1964 में अपनाया गया।
- **विश्व सांस्कृतिक और प्राकृतिक विरासत के संरक्षण के संबंध में यूनेस्को सम्मेलन,** सत्रहवें सत्र पेरिस में सामान्य सम्मेलन द्वारा अपनाया गया, 16 नवंबर 1972।
- **सांस्कृतिक महत्व के स्थानों के लिए बुर्रा चार्टर,** ऑस्ट्रेलिया ICOMOS चार्टर। 1979 में ऑस्ट्रेलिया में प्रकाशित।

हम आने वाले अध्यायों में इनमें से कुछ दिशानिर्देशों के बारे में अधिक विस्तार से जानेंगे।

1.10 निष्कर्ष

इस अध्याय में हमने संरक्षण के अर्थ और उन कारकों पर चर्चा की है जो स्मारकों को नुकसान और विनाश का कारण बनते हैं।

अध्याय 2: स्मारकों के संरक्षण के लिए अंतर्राष्ट्रीय समझौते

इस अध्याय में, हम वेनिस चार्टर और बुर्रा चार्टर सहित स्मारकों के संरक्षण से संबंधित कुछ महत्वपूर्ण अंतर्राष्ट्रीय समझौतों पर चर्चा करते हैं। विशेष रूप से, 1964 के वेनिस चार्टर में वर्णित सिद्धांतों को दुनिया भर में स्मारकों के संरक्षण के लिए एक मॉडल के रूप में माना जाता है।

2.1 वेनिस चार्टर

वेनिस चार्टर में ऐतिहासिक स्मारकों के संरक्षण और बहाली के लिए 1964 में विशेषज्ञों के एक समूह द्वारा तैयार किए गए दिशानिर्देशों का एक सेट शामिल है। यह एक प्रभावशाली दस्तावेज है जो पूरी दुनिया में संरक्षण के लिए मानक दस्तावेज बन गया है।

वेनिस चार्टर का पाठ: https://www.icomos.org/en/participer/179-articles-en-francais/ressources/charters-and-standards/157-thevenice-charter से लिया गया

ऐतिहासिक स्मारकों के आर्किटेक्ट्स और तकनीशियनों की दूसरी अंतर्राष्ट्रीय कांग्रेस, जो 1964 में वेनिस में मिली थी, ने निम्नलिखित पाठ को मंजूरी दी:

अनुच्छेद 1. एक ऐतिहासिक स्मारक की अवधारणा न केवल एकल वास्तुशिल्प कार्य बल्कि शहरी या ग्रामीण सेटिंग को भी शामिल करती है जिसमें एक विशेष सभ्यता, एक महत्वपूर्ण विकास या एक ऐतिहासिक घटना के साक्ष्य पाए जाते हैं। यह न केवल कला के महान कार्यों पर लागू होता है, बल्कि अतीत के अधिक विनम्र कार्यों पर भी लागू होता है, जिन्होंने समय बीतने के साथ सांस्कृतिक महत्व हासिल कर लिया है।

अनुच्छेद 2. स्मारकों के संरक्षण और जीर्णोद्धार के लिए उन सभी विज्ञानों और तकनीकों का सहारा लेना चाहिए जो स्थापत्य विरासत के अध्ययन और सुरक्षा में योगदान कर सकते हैं।

अनुच्छेद 3. स्मारकों के संरक्षण और जीर्णोद्धार का उद्देश्य ऐतिहासिक साक्ष्य के रूप में कम से कम कला के कार्यों के रूप में उनकी रक्षा करना है।

संरक्षण

अनुच्छेद 4. स्मारकों के संरक्षण के लिए यह आवश्यक है कि उन्हें स्थायी आधार पर बनाए रखा जाए।

अनुच्छेद 5. स्मारकों का संरक्षण हमेशा किसी सामाजिक रूप से उपयोगी उद्देश्य के लिए उनका उपयोग करके किया जाता है। इस तरह का उपयोग इसलिए वांछनीय है लेकिन यह इमारत के लेआउट या सजावट को नहीं बदलना चाहिए। यह केवल इन सीमाओं के भीतर है कि कार्य में परिवर्तन द्वारा मांगे गए संशोधनों की परिकल्पना की जानी चाहिए और इसकी अनुमति दी जा सकती है।

अनुच्छेद 6. एक स्मारक के संरक्षण का अर्थ है एक ऐसी सेटिंग को संरक्षित करना जो पैमाने से बाहर न हो। जहां भी पारंपरिक सेटिंग मौजूद है, उसे अवश्य रखा जाना चाहिए। कोई नया निर्माण, विध्वंस या संशोधन जो द्रव्यमान और रंग के संबंधों को बदल दे, की अनुमति नहीं दी जानी चाहिए।

अनुच्छेद 7. एक स्मारक उस इतिहास से अविभाज्य है जिसका वह गवाह है और उस सेटिंग से जिसमें वह होता है। किसी स्मारक के सभी या हिस्से को स्थानांतरित करने की अनुमति नहीं दी जा सकती है, सिवाय इसके कि उस स्मारक की सुरक्षा की मांग की जाए या जहां यह सर्वोच्च महत्व के राष्ट्रीय या अंतरराष्ट्रीय हित में उचित हो।

अनुच्छेद 8. मूर्तिकला, पेंटिंग या सजावट की वस्तुएं जो किसी स्मारक का अभिन्न अंग हैं, उन्हें केवल तभी हटाया जा सकता है जब यह उनके संरक्षण को सुनिश्चित करने का एकमात्र साधन हो।

बहाली

अनुच्छेद 9. बहाली की प्रक्रिया एक अति विशिष्ट ऑपरेशन है। इसका उद्देश्य स्मारक के सौंदर्य और ऐतिहासिक मूल्य को संरक्षित और प्रकट करना है और यह मूल सामग्री और प्रामाणिक दस्तावेजों के सम्मान पर आधारित है। यह उस बिंदु पर रुकना चाहिए जहां अनुमान शुरू होता है, और इस मामले में इसके अलावा कोई भी अतिरिक्त काम जो अपरिहार्य है, वास्तुशिल्प संरचना से अलग होना चाहिए और उस पर एक समकालीन मुहर होनी चाहिए। किसी भी मामले में बहाली से पहले और स्मारक के पुरातात्विक और ऐतिहासिक अध्ययन के बाद होना चाहिए।

अनुच्छेद 10. जहां पारंपरिक तकनीकें अपर्याप्त साबित होती हैं, किसी स्मारक का समेकन संरक्षण और निर्माण के लिए किसी भी आधुनिक तकनीक के उपयोग से प्राप्त किया जा सकता है, जिसकी प्रभावशीलता वैज्ञानिक डेटा द्वारा दिखाई गई है और अनुभव द्वारा सिद्ध की गई है।

अनुच्छेद 11. स्मारक के निर्माण में सभी अवधियों के वैध योगदान का सम्मान किया जाना चाहिए, क्योंकि शैली की एकता बहाली का उद्देश्य नहीं है। जब एक इमारत में विभिन्न अवधियों के आरोपित कार्य शामिल होते हैं, तो अंतर्निहित स्थिति का खुलासा केवल असाधारण परिस्थितियों में ही उचित हो सकता है और जब जो हटाया जाता है वह बहुत कम रुचि का होता है और जो सामग्री प्रकाश में लाई जाती है वह महान ऐतिहासिक, पुरातात्विक या सौंदर्य मूल्य की होती है।, और इसके संरक्षण की स्थिति कार्रवाई को सही ठहराने के लिए काफी अच्छी है। शामिल तत्वों के महत्व का मूल्यांकन और क्या नष्ट किया जा सकता है इसका निर्णय केवल कार्य के प्रभारी व्यक्ति पर निर्भर नहीं हो सकता है।

अनुच्छेद 12. लापता भागों के प्रतिस्थापन को पूरी तरह से सामंजस्यपूर्ण रूप से एकीकृत किया जाना चाहिए, लेकिन साथ ही साथ मूल से अलग होना चाहिए ताकि बहाली कलात्मक या ऐतिहासिक साक्ष्य को गलत साबित न करे।

अनुच्छेद 13. परिवर्धन की अनुमति तब तक नहीं दी जा सकती जब तक कि वे इमारत के दिलचस्प हिस्सों, इसकी पारंपरिक सेटिंग, इसकी संरचना के संतुलन और इसके परिवेश के साथ इसके संबंध से अलग न हों।

ऐतिहासिक स्थल

अनुच्छेद 14. स्मारक स्थलों की अखंडता को सुरक्षित रखने के लिए और यह सुनिश्चित करने के लिए कि उन्हें साफ किया गया है और उचित तरीके से प्रस्तुत किया गया है, विशेष देखभाल का उद्देश्य होना चाहिए। ऐसे स्थानों में किए जाने वाले संरक्षण और जीर्णोद्धार का कार्य पूर्वगामी लेखों में निर्धारित सिद्धांतों से प्रेरित होना चाहिए।

खुदाई

अनुच्छेद 15. खुदाई वैज्ञानिक मानकों के अनुसार की जानी चाहिए और 1956 में यूनेस्को द्वारा अपनाई गई पुरातात्विक खुदाई के मामले में अंतरराष्ट्रीय सिद्धांतों को परिभाषित करने वाली सिफारिश को लागू किया जाना चाहिए।

खंडहरों को बनाए रखा जाना चाहिए और वास्तुशिल्प सुविधाओं और खोजी गई वस्तुओं के स्थायी संरक्षण और सुरक्षा के लिए आवश्यक उपाय किए जाने चाहिए। इसके अलावा, स्मारक की समझ को सुगम बनाने के लिए और इसके अर्थ को कभी विकृत किए बिना इसे प्रकट करने के लिए हर उपाय किए जाने चाहिए।

हालांकि सभी पुनर्निर्माण कार्यों को "प्राथमिकता" से बाहर रखा जाना चाहिए। केवल एनास्टिलोसिस, यानी मौजूदा लेकिन खंडित हिस्सों को फिर से जोड़ने की अनुमति दी जा सकती है। एकीकरण के लिए उपयोग की जाने वाली सामग्री हमेशा पहचानने योग्य होनी

चाहिए और इसका उपयोग कम से कम होना चाहिए जो एक स्मारक के संरक्षण और उसके स्वरूप की बहाली सुनिश्चित करेगा।

प्रकाशन

अनुच्छेद 16. संरक्षण, बहाली या उत्खनन के सभी कार्यों में हमेशा विश्लेषणात्मक और महत्वपूर्ण रिपोर्टों के रूप में सटीक प्रलेखन होना चाहिए, जो चित्र और तस्वीरों के साथ सचित्र हों। समाशोधन, समेकन, पुनर्व्यवस्था और एकीकरण के कार्य के प्रत्येक चरण के साथ-साथ कार्य के दौरान पहचाने गए तकनीकी और औपचारिक विशेषताओं को शामिल किया जाना चाहिए। यह रिकॉर्ड एक सार्वजनिक संस्थान के अभिलेखागार में रखा जाना चाहिए और शोधकर्मियों को उपलब्ध कराया जाना चाहिए। यह अनुशंसा की जाती है कि रिपोर्ट प्रकाशित की जानी चाहिए।

2.2 विश्व सांस्कृतिक और प्राकृतिक विरासत के संरक्षण के बारे में यूनेस्को कन्वेंशन

यह सम्मेलन यूनेस्को की विश्व धरोहर स्थलों के बारे में था, जो दुनिया भर में सांस्कृतिक या प्राकृतिक रूप से महत्वपूर्ण हैं और यूनेस्को द्वारा संरक्षित और प्रचारित हैं। कन्वेंशन को 16 नवंबर 1972 को पेरिस में अपने सत्रहवें सत्र में सामान्य सम्मेलन द्वारा अपनाया गया था। यह एक उम्मीदवार स्थल को विश्व विरासत सूची में शामिल करने के लिए मानदंड स्थापित करता है, विश्व विरासत समिति की नियुक्ति के लिए मानक और इससे संबंधित मानदंड विश्व विरासत निधि।

विशेष रूप से विश्व विरासत स्मारकों के संरक्षण से संबंधित यूनेस्को सम्मेलन के कुछ महत्वपूर्ण लेख इस प्रकार हैं:

यह देखते हुए कि सांस्कृतिक विरासत और प्राकृतिक विरासत को न केवल क्षय के पारंपरिक कारणों से, बल्कि बदलती सामाजिक और आर्थिक स्थितियों से भी विनाश का खतरा है, जो क्षति या विनाश की और भी अधिक विकट घटनाओं के साथ स्थिति को बढ़ा देती है,

यह देखते हुए कि सांस्कृतिक या प्राकृतिक विरासत की किसी भी वस्तु का बिगड़ना या गायब होना दुनिया के सभी देशों की विरासत की हानिकारक दुर्बलता है, यह देखते हुए कि राष्ट्रीय स्तर पर इस विरासत का संरक्षण अक्सर संसाधनों के पैमाने के कारण अधूरा

रहता है इसके लिए देश के अपर्याप्त आर्थिक, वैज्ञानिक और तकनीकी संसाधनों की आवश्यकता होती है, जहां संरक्षित की जाने वाली संपत्ति स्थित है,

यह याद करते हुए कि संगठन का संविधान प्रदान करता है कि यह विश्व की विरासत के संरक्षण और संरक्षण का आश्वासन देकर ज्ञान को बनाए रखेगा, बढ़ाएगा और फैलाएगा, और संबंधित राष्ट्रों को आवश्यक अंतर्राष्ट्रीय सम्मेलनों की सिफारिश करेगा,

इस बात पर विचार करते हुए कि सांस्कृतिक और प्राकृतिक संपत्ति से संबंधित मौजूदा अंतर्राष्ट्रीय सम्मेलन, सिफारिशें और संकल्प दुनिया के सभी लोगों के लिए इस अनूठी और अपूरणीय संपत्ति की सुरक्षा के महत्व को प्रदर्शित करते हैं, चाहे वह किसी भी व्यक्ति का हो,

यह देखते हुए कि सांस्कृतिक या प्राकृतिक विरासत के हिस्से उत्कृष्ट रुचि के हैं और इसलिए समग्र रूप से मानव जाति की विश्व विरासत के हिस्से के रूप में संरक्षित किए जाने की आवश्यकता है,

इस बात को ध्यान में रखते हुए, उन्हें धमकी देने वाले नए खतरों की भयावहता और गंभीरता को देखते हुए, सामूहिक सहायता प्रदान करके, उत्कृष्ट सार्वभौमिक मूल्य की सांस्कृतिक और प्राकृतिक विरासत की सुरक्षा में भाग लेने के लिए समग्र रूप से अंतर्राष्ट्रीय समुदाय पर निर्भर है। हालांकि, संबंधित राज्य द्वारा कार्रवाई की जगह नहीं लेना, एक कुशल पूरक के रूप में काम करेगा,

इस उद्देश्य के लिए आवश्यक है कि स्थायी आधार पर और आधुनिक वैज्ञानिक तरीकों के अनुसार आयोजित उत्कृष्ट सार्वभौमिक मूल्य की सांस्कृतिक और प्राकृतिक विरासत की सामूहिक सुरक्षा की एक प्रभावी प्रणाली स्थापित करने के लिए एक कन्वेंशन के रूप में नए प्रावधानों को अपनाया जाए,

अपने सोलहवें सत्र में यह निर्णय लेने के बाद कि इस प्रश्न को एक अंतरराष्ट्रीय सम्मेलन का विषय बनाया जाना चाहिए, इस सम्मेलन ने नवंबर 1972 के इस सोलहवें दिन को अपनाया।

अनुच्छेद 1 इस सम्मेलन के प्रयोजन के लिए, निम्नलिखित को "सांस्कृतिक विरासत" माना जाएगा:

स्मारक: स्थापत्य कार्य, स्मारक मूर्तिकला और पेंटिंग के कार्य, पुरातात्विक प्रकृति के तत्व या संरचनाएं, शिलालेख, गुफा आवास और सुविधाओं के संयोजन, जो इतिहास, कला या विज्ञान के दृष्टिकोण से उत्कृष्ट सार्वभौमिक मूल्य के हैं;

इमारतों के समूह: अलग-अलग या जुड़े हुए भवनों के समूह, जो उनकी वास्तुकला, उनकी एकरूपता या परिदृश्य में उनके स्थान के कारण, इतिहास, कला या विज्ञान के दृष्टिकोण से उत्कृष्ट सार्वभौमिक मूल्य के हैं;

स्थल: मनुष्य के कार्य या प्रकृति और मनुष्य के संयुक्त कार्य, और पुरातात्विक स्थलों सहित क्षेत्र जो ऐतिहासिक, सौंदर्य, नृवंशविज्ञान या मानवशास्त्रीय दृष्टिकोण से उत्कृष्ट सार्वभौमिक मूल्य के हैं।

2.3 बर्रा चार्टर- (Burra charter)

1992 में ऑस्ट्रेलियाई सरकार ने बुर्रा चार्टर के रूप में जाना जाता है, जिसे सांस्कृतिक महत्व के स्थानों के लिए ऑस्ट्रेलिया ICOMOS चार्टर भी कहा जाता है। इसे नियमित रूप से नवीनीकृत किया गया है। यह स्मारकों के संरक्षण और संरक्षण में पालन किए जाने वाले सिद्धांतों को बताता है। यह मूल रूप से 1964 के वेनिस चार्टर से प्रेरित था, लेकिन इसका व्यापक दायरा है। ऐसा इसलिए है क्योंकि यह स्मारकों के संरक्षण के लिए दिशानिर्देश प्रदान करता है और विरासत के गैर-भौतिक और अमूर्त रूपों के संरक्षण पर भी विचार करता है।

https://australia.icomos.org/wp-content/uploads/The-Burra-Charter-2013-Adopted-31.10.2013.pdf

चार्टर के लेख में निम्नलिखित संरक्षण सिद्धांतों का उल्लेख है:

अनुच्छेद 2. संरक्षण और प्रबंधन

2.1 सांस्कृतिक महत्व के स्थानों का संरक्षण किया जाना चाहिए।

2.2 संरक्षण का उद्देश्य किसी स्थान के सांस्कृतिक महत्व को बनाए रखना है।

2.3 संरक्षण सांस्कृतिक महत्व के स्थानों के अच्छे प्रबंधन का एक अभिन्न अंग है।

2.4 सांस्कृतिक महत्व के स्थानों की सुरक्षा की जानी चाहिए और उन्हें जोखिम में नहीं डालना चाहिए या उन्हें कमजोर स्थिति में नहीं छोड़ना चाहिए।

अनुच्छेद 3. सतर्क दृष्टिकोण

3.1 संरक्षण मौजूदा ताने-बाने, उपयोग, संघों और अर्थों के प्रति सम्मान पर आधारित है। इसे जितना आवश्यक हो उतना कम लेकिन जितना संभव हो उतना कम बदलने के लिए एक सतर्क दृष्टिकोण की आवश्यकता होती है।

3.2 किसी स्थान में परिवर्तन को उसके द्वारा प्रदान किए गए भौतिक या अन्य साक्ष्यों को विकृत नहीं करना चाहिए, न ही अनुमान पर आधारित होना चाहिए।

अनुच्छेद 4. ज्ञान, कौशल और तकनीक

4.1 संरक्षण को सभी ज्ञान, कौशल और अनुशासन का उपयोग करना चाहिए जो अध्ययन और स्थान की देखभाल में योगदान कर सकते हैं।

4.2 महत्वपूर्ण कपड़े के संरक्षण के लिए पारंपरिक तकनीकों और सामग्रियों को प्राथमिकता दी जाती है। कुछ परिस्थितियों में पर्याप्त संरक्षण लाभ प्रदान करने वाली आधुनिक तकनीकें और सामग्री उपयुक्त हो सकती हैं।

अनुच्छेद 5. मान

5.1 किसी स्थान के संरक्षण में सांस्कृतिक और प्राकृतिक महत्व के सभी पहलुओं की पहचान करनी चाहिए और दूसरों की कीमत पर किसी एक मूल्य पर अनुचित जोर दिए बिना इसे ध्यान में रखना चाहिए।

5.2 सांस्कृतिक महत्व की सापेक्ष डिग्री एक स्थान पर विभिन्न संरक्षण कार्यों को जन्म दे सकती है।

अनुच्छेद 6. बुर्रा चार्टर प्रक्रिया

6.1 किसी स्थान का सांस्कृतिक महत्व और उसके भविष्य को प्रभावित करने वाले अन्य मुद्दों को निर्णय लेने से पहले जानकारी एकत्र करने और उसका विश्लेषण करने के क्रम से सबसे अच्छी तरह समझा जा सकता है। सांस्कृतिक महत्व को समझना पहले आता है, फिर नीति का विकास और अंत में नीति के अनुसार स्थान का प्रबंधन। यह बुर्रा चार्टर प्रक्रिया है।

6.2 किसी स्थान के प्रबंधन की नीति उसके सांस्कृतिक महत्व की समझ पर आधारित होनी चाहिए।

6.3 नीति विकास में किसी स्थान के भविष्य को प्रभावित करने वाले अन्य कारकों पर विचार भी शामिल होना चाहिए जैसे कि मालिक की जरूरतें, संसाधन, बाहरी बाधाएं और इसकी भौतिक स्थिति।

6.4 एक प्रभावी नीति विकसित करने में, सांस्कृतिक महत्व को बनाए रखने और अन्य कारकों को संबोधित करने के विभिन्न तरीकों का पता लगाने की आवश्यकता हो सकती है।

6.5 परिस्थितियों में परिवर्तन, या नई जानकारी या दृष्टिकोण, बर्रा चार्टर प्रक्रिया के भाग या सभी को दोहराने की आवश्यकता हो सकती है।

अनुच्छेद 7. उपयोग

7.1 जहां किसी स्थान का उपयोग सांस्कृतिक महत्व का है, उसे बनाए रखा जाना चाहिए।

7.2 एक स्थान का संगत उपयोग होना चाहिए।

अनुच्छेद 8. सेटिंग

संरक्षण के लिए एक उपयुक्त सेटिंग के अवधारण की आवश्यकता होती है। इसमें दृश्य और संवेदी सेटिंग का प्रतिधारण, साथ ही आध्यात्मिक और अन्य सांस्कृतिक संबंधों का प्रतिधारण शामिल है जो उस स्थान के सांस्कृतिक महत्व में योगदान करते हैं। नया निर्माण, विध्वंस, घुसपैठ या अन्य परिवर्तन जो सेटिंग या रिश्तों पर प्रतिकूल प्रभाव डालते हैं, उचित नहीं हैं।

अनुच्छेद 9. स्थान

9.1 किसी स्थान का भौतिक स्थान उसके सांस्कृतिक महत्व का हिस्सा है। किसी स्थान का भवन, कार्य या अन्य तत्व अपने ऐतिहासिक स्थान पर ही रहना चाहिए। पुनर्वास आम तौर पर अस्वीकार्य है जब तक कि यह अपने अस्तित्व को सुनिश्चित करने का एकमात्र व्यावहारिक साधन न हो।

9.2 कुछ इमारतों, कार्यों या स्थानों के अन्य तत्वों को आसानी से हटाने योग्य या पहले से ही स्थानांतरण का इतिहास रखने के लिए डिज़ाइन किया गया था। बशर्ते ऐसे भवनों, कार्यों या अन्य तत्वों का उनके वर्तमान स्थान से महत्वपूर्ण संबंध न हो, हटाना उपयुक्त हो सकता है।

9.3 यदि कोई भवन, कार्य या अन्य तत्व स्थानांतरित किया जाता है, तो उसे उचित स्थान पर ले जाया जाना चाहिए और उचित उपयोग दिया जाना चाहिए। इस तरह की कार्रवाई सांस्कृतिक महत्व के किसी भी स्थान की हानि के लिए नहीं होनी चाहिए।

अनुच्छेद 10. सामग्री

किसी स्थान के सांस्कृतिक महत्व में योगदान करने वाली सामग्री, जुड़नार और वस्तुओं को उस स्थान पर बनाए रखा जाना चाहिए। उनका निष्कासन तब तक अस्वीकार्य है जब तक कि: उनकी सुरक्षा और संरक्षण सुनिश्चित करने का एकमात्र साधन; उपचार या प्रदर्शनी के लिए अस्थायी आधार पर; सांस्कृतिक कारणों से; स्वास्थ्य और सुरक्षा के लिए; या जगह की रक्षा के लिए। ऐसी सामग्री, जुड़नार और वस्तुओं को वापस कर दिया जाना चाहिए जहां परिस्थितियाँ अनुमति देती हैं और यह सांस्कृतिक रूप से उपयुक्त है।

अनुच्छेद 11. संबंधित स्थान और वस्तुएं

उस स्थान के सांस्कृतिक महत्व के लिए संबंधित स्थानों और संबंधित वस्तुओं के योगदान को बरकरार रखा जाना चाहिए।

अनुच्छेद 12. भागीदारी

किसी स्थान के संरक्षण, व्याख्या और प्रबंधन को उन लोगों की भागीदारी प्रदान करनी चाहिए जिनके लिए उस स्थान का महत्वपूर्ण जुड़ाव और अर्थ है, या जिनके पास उस स्थान के लिए सामाजिक, आध्यात्मिक या अन्य सांस्कृतिक जिम्मेदारियां हैं।

अनुच्छेद 13. सांस्कृतिक मूल्यों का सह-अस्तित्व

सांस्कृतिक मूल्यों के सह-अस्तित्व को हमेशा पहचाना, सम्मान और प्रोत्साहित किया जाना चाहिए। यह उन मामलों में विशेष रूप से महत्वपूर्ण है जहां वे संघर्ष करते हैं।

अनुच्छेद 14. संरक्षण प्रक्रियाएं

परिस्थिति के अनुसार संरक्षण में निम्नलिखित प्रक्रियाएं शामिल हो सकती हैं: किसी उपयोग को बनाए रखना या फिर से शुरू करना; संघों और अर्थों का प्रतिधारण; रखरखाव, संरक्षण, बहाली, पुनर्निर्माण, अनुकूलन और व्याख्या; और आमतौर पर इनमें से एक से अधिक का संयोजन शामिल होगा। संरक्षण में उस योगदान का प्रतिधारण भी शामिल हो सकता है जो संबंधित स्थान और संबंधित वस्तुएं किसी स्थान के सांस्कृतिक महत्व के लिए बनाते हैं।

अनुच्छेद 15. परिवर्तन

15.1 सांस्कृतिक महत्व को बनाए रखने के लिए परिवर्तन आवश्यक हो सकता है, लेकिन यह अवांछनीय है जहां यह सांस्कृतिक महत्व को कम करता है। किसी स्थान में परिवर्तन की मात्रा और उसका उपयोग उस स्थान के सांस्कृतिक महत्व और उसकी उचित व्याख्या द्वारा निर्देशित होना चाहिए।

अनुच्छेद 16. रखरखाव

रखरखाव संरक्षण के लिए मौलिक है। जहां कपड़ा सांस्कृतिक महत्व का है वहां रखरखाव किया जाना चाहिए और उस सांस्कृतिक महत्व को बनाए रखने के लिए इसका रखरखाव आवश्यक है।

अनुच्छेद 17. संरक्षण

संरक्षण उपयुक्त है जहां मौजूदा कपड़े या इसकी स्थिति सांस्कृतिक महत्व के साक्ष्य का गठन करती है, या जहां अन्य संरक्षण प्रक्रियाओं को पूरा करने के लिए अपर्याप्त सबूत उपलब्ध हैं।

अनुच्छेद 18. बहाली और पुनर्निर्माण

जीर्णोद्धार और पुनर्निर्माण से स्थान के सांस्कृतिक रूप से महत्वपूर्ण पहलुओं का पता चलना चाहिए।

अनुच्छेद 19. बहाली (जीर्णोद्धार)

जीर्णोद्धार तभी उचित है जब फैब्रिक की पहले की स्थिति के पर्याप्त सबूत हों।

अनुच्छेद 20. पुनर्निर्माण

20.1 पुनर्निर्माण केवल वहीं उपयुक्त है जहां कोई स्थान क्षति या परिवर्तन के माध्यम से अधूरा है, और केवल जहां कपड़े की पिछली स्थिति को पुन: उत्पन्न करने के लिए पर्याप्त सबूत हैं। कुछ मामलों में, उपयोग या अभ्यास के हिस्से के रूप में पुनर्निर्माण भी उपयुक्त हो सकता है जो उस स्थान के सांस्कृतिक महत्व को बनाए रखता है।

20.2 निकट निरीक्षण या अतिरिक्त व्याख्या के माध्यम से पुनर्निर्माण की पहचान की जानी चाहिए।

अनुच्छेद 21. अनुकूलन

21.1 अनुकूलन केवल वहीं स्वीकार्य है जहां अनुकूलन का स्थान के सांस्कृतिक महत्व पर न्यूनतम प्रभाव पड़ता है।

21.2 अनुकूलन में महत्वपूर्ण कपड़े में न्यूनतम परिवर्तन शामिल होना चाहिए, जो विकल्पों पर विचार करने के बाद ही प्राप्त किया जा सकता है।

अनुच्छेद 22। नया काम

22.1 नए कार्य जैसे स्थान में कुछ जोड़ना या अन्य परिवर्तन स्वीकार्य हो सकते हैं जहां यह सम्मान करता है और स्थान के सांस्कृतिक महत्व को विकृत या अस्पष्ट नहीं करता है, या इसकी व्याख्या और प्रशंसा से अलग नहीं होता है।

2.3 प्रामाणिकता पर नारा दस्तावेज़ (1994)

प्रामाणिकता पर नारा दस्तावेज़ 1994 में जापान के नारा शहर में अपनाया गया था। यह वेनिस चार्टर के सिद्धांतों का एक महत्वपूर्ण विस्तार है। इसे उस समय विकसित किया गया जब विरासत संरक्षण अभ्यास वैश्विक स्तर पर फैला और विशेषज्ञों ने यह प्रश्न उठाना शुरू किया कि क्या वेनिस चार्टर में निहित प्रामाणिकता के मानक — जो मुख्यतः यूरोपीय पत्थर स्मारकों के संदर्भ में विकसित किए गए थे — सभी संस्कृतियों के लिए उपयुक्त हैं या नहीं। नारा दस्तावेज़ इस बात पर बल देता है कि विरासत के मूल्य और उसके संरक्षण की प्रामाणिकता का निर्णय किसी निश्चित मानदंड के आधार पर नहीं किया जा सकता। यह दस्तावेज़ विश्व की सभी सांस्कृतिक विविधता के प्रति सम्मान का आह्वान करता है। यह भारत के लिए विशेष रूप से प्रासंगिक है, जहाँ मंदिरों जैसे अनेक धार्मिक स्मारक जीवित पूजा स्थल हैं जो परंपरा के अनुसार समय-समय पर नवीनीकृत किए जाते हैं — यह यूरोपीय मॉडल से भिन्न है जो स्मारकों को जैसे हैं वैसे संरक्षित करने पर जोर देता है।

2.4 विरासत और लोकतंत्र पर दिल्ली घोषणा (2023)

विरासत और लोकतंत्र पर दिल्ली घोषणा दिसंबर 2023 में नई दिल्ली में ICOMOS (अंतर्राष्ट्रीय स्मारक और स्थल परिषद) की 19वीं महासभा में अपनाई गई थी। ICOMOS यूनेस्को विश्व धरोहर समिति का सलाहकार निकाय है और सांस्कृतिक विरासत स्थलों के संरक्षण और सुरक्षा के लिए काम करने वाला प्रमुख अंतर्राष्ट्रीय गैर-सरकारी संगठन है। दिल्ली घोषणा विरासत संरक्षण और लोकतांत्रिक मूल्यों के बीच संबंध की एक ऐतिहासिक पुष्टि है। यह सांस्कृतिक विरासत तक पहुंच को एक मौलिक मानवाधिकार के रूप में मान्यता देती है और विरासत निर्णय-निर्माण में स्थानीय समुदायों की समावेशी भागीदारी का आह्वान करती है। इस घोषणा के लिए दिल्ली का चुनाव अंतर्राष्ट्रीय विरासत परिचर्चा में भारत की बढ़ती केंद्रीय भूमिका को रेखांकित करता है।

2.5 निष्कर्ष

इस अध्याय में हमने विश्व भर में संरक्षण के सिद्धांतों के लिए मॉडल के रूप में उपयोग किए जाने वाले महत्वपूर्ण अंतर्राष्ट्रीय चार्टरों और घोषणाओं का वर्णन किया है: वेनिस चार्टर, यूनेस्को विश्व विरासत कन्वेंशन, बुर्रा चार्टर, प्रामाणिकता पर नारा दस्तावेज़, और विरासत एवं लोकतंत्र पर दिल्ली घोषणा।

2.3 निष्कर्ष

इस अध्याय में हमने दो महत्वपूर्ण अंतर्राष्ट्रीय चार्टर्स का वर्णन किया है जिनका उपयोग दुनिया भर में संरक्षण के सिद्धांतों के लिए मॉडल के रूप में किया जाता है: वेनिस चार्टर और बुर्रा चार्टर।

अध्याय 3: भारतीय पुरातत्व सर्वेक्षण (ASI) का परिचय

इस अध्याय में, हम भारतीय पुरातत्व सर्वेक्षण पर चर्चा करते हैं, जो भारत में विरासत स्मारकों के संरक्षण के लिए समर्पित प्राथमिक संगठन है।

सत्यमेव जयते

प्रत्नकीर्त्तिमपावृणु

चित्र: भारतीय पुरातत्व सर्वेक्षण का लोगो। पुरातत्व सर्वेक्षण वेबसाइट http://asi.nic.in/ से लिया गया

3.1 भारतीय पुरातत्व सर्वेक्षण (ASI) की उत्पत्ति

ब्रिटिश शासन के तहत भारतीय पुरातत्व सर्वेक्षण की स्थापना मुख्य रूप से भारतीय उपमहाद्वीप के विरासत स्थलों को संरक्षित करने के लिए की गई थी। इसके पास कई प्राचीन स्मारकों की मरम्मत करने, उत्खनन के माध्यम से नए लोगों की खोज करने, विरासत स्मारकों को बनाए रखने आदि का एक शानदार ट्रैक रिकॉर्ड है।

MAJOR-GENERAL SIR ALEXANDER C. CUNNINGHAM, K.C.S.I., C.I.E., LATE BENGAL ENGINEERS.

चित्र: सर अलेक्जेंडर कनिंघम, भारतीय पुरातत्व सर्वेक्षण के पहले महानिदेशक।
Public domain, via Wikimedia Commons

ASI की स्थापना 1862 में सर अलेक्जेंडर कनिंघम द्वारा की गई थी, जो इसके पहले महानिदेशक भी बने। पिछली सदी में, "एशियाटिक सोसाइटी" ने ब्रिटिशों के बीच भारतीय संस्कृति के प्रति रुचि पैदा करने में शानदार सेवा की थी, एक ऐसी प्रवृत्ति शुरू की जिसने अंततः ASI की स्थापना की।

इसके प्रचार-प्रसार में अनेक ब्रिटिश अधिकारियों की भूमिका रही थी। विशेष रूप से, 1900 के दशक की शुरुआत में भारत के गवर्नर जनरल लॉर्ड कर्जन ने ASI को बढ़ावा देने और विरासत स्मारकों के संरक्षण में इसकी शक्तियों और भूमिका को मजबूत करने में महत्वपूर्ण भूमिका निभाई थी।

ASI भारत में स्मारक संरक्षण में अत्याधुनिक तकनीक लेकर आया और अंग्रेजों ने भी कई भारतीय पुरातत्वविदों को ऐसी तकनीकों में प्रशिक्षित किया, जैसे कि मोहनजोदड़ो की खोज करने वाले भारतीय पुरातत्वविद् राखालदास बनर्जी।

चित्र: 1921 में मोहनजोदड़ो के प्रसिद्ध सिंधु घाटी स्थल की खुदाई करने वाले भारतीय पुरातत्वविद् राखालदास बनर्जी की तस्वीर। राष्ट्रीय संग्रहालय, नई दिल्ली। लेखक द्वारा लिया गया फोटो।

चित्र: दयाराम साहनी की तस्वीर, भारतीय पुरातत्वविद् जिन्होंने 1920 के दशक में हड़प्पा के प्रसिद्ध सिंधु घाटी स्थल की खुदाई की थी। राष्ट्रीय संग्रहालय, नई दिल्ली। लेखक द्वारा लिया गया फोटो।

चित्र: 1899-1905 तक भारत के ब्रिटिश वायसराय लॉर्ड कर्जन की तस्वीर, जिन्होंने भारतीय पुरातत्व सर्वेक्षण को बढ़ावा देने और भारतीय उपमहाद्वीप में महत्वपूर्ण ऐतिहासिक स्थलों की रक्षा करने में इसकी भूमिका निभाई। जॉर्ज ग्रांथम बैन संग्रह, Library of Congress. Public domain, via Wikimedia Commons

3.2 भारतीय पुरातत्व सर्वेक्षण (ASI) के इतिहास की महत्वपूर्ण घटनाएँ

ASI के इतिहास की कुछ महत्वपूर्ण घटनाएं इस प्रकार हैं:

1784 सर विलियम जोन्स के अधीन कलकत्ता में "एशियाटिक सोसाइटी" की स्थापना

1810 बंगाल संकल्प XIX, स्मारकों के लिए जोखिम के मामले में कानून के माध्यम से हस्तक्षेप करने में सरकार को शामिल करने का पहला प्रयास

1847 दिल्ली आर्कियोलॉजिकल सोसायटी की स्थापना

1861 अलेक्जेंडर कनिंघम को भारत सरकार के पुरातत्व सर्वेक्षणकर्ता के रूप में नियुक्त किया गया

1863 अधिनियम (XX) प्रख्यापित किया गया, जो सरकार को "इमारतों को चोट से बचाने और उनकी प्राचीनता या उनके ऐतिहासिक या स्थापत्य मूल्य के लिए उल्लेखनीय इमारतों को संरक्षित करने" की शक्ति प्रदान करता है।

1871 सरकारी संकल्प पारित, अलेक्जेंडर कनिंघम को पुरातत्व सर्वेक्षण के पहले महानिदेशक के रूप में नियुक्त किया गया

1900 वायसराय लॉर्ड कर्जन ने भारतीय पुरातत्व सर्वेक्षण के कार्य के पर्यवेक्षण और समन्वय के लिए महानिदेशक के पद के पुनरुद्धार का प्रस्ताव रखा।

1902 जॉन मार्शल को भारतीय पुरातत्व सर्वेक्षण के महानिदेशक के रूप में नियुक्त किया गया

1904 प्राचीन स्मारक संरक्षण अधिनियम पारित

1944 सरकार ने सर मोर्टिमर व्हीलर को भारतीय पुरातत्व सर्वेक्षण के महानिदेशक के रूप में नियुक्त किया

3.3 ASI के उद्देश्य

ASI की वेबसाइट (https://asi.nic.in/about-us/) से लिए गए भारत के पुरातत्व सर्वेक्षण के उद्देश्य इस प्रकार हैं:

"भारतीय पुरातत्व सर्वेक्षण (ASI), संस्कृति मंत्रालय के तहत, देश की सांस्कृतिक विरासत के पुरातात्विक शोध और संरक्षण के लिए प्रमुख संगठन है। प्राचीन स्मारकों और पुरातात्विक स्थलों और राष्ट्रीय महत्व के अवशेषों का रखरखाव एएसआई की प्रमुख चिंता है। इसके अलावा यह प्राचीन स्मारक और पुरातत्व स्थल और अवशेष अधिनियम, 1958 के प्रावधानों के अनुसार देश में सभी पुरातात्विक गतिविधियों को नियंत्रित करता है। यह पुरावशेष और कला खजाना अधिनियम, 1972 को भी नियंत्रित करता है।

ASI के विभिन्न कार्य और उद्देश्य हैं जिनमें विरासत स्मारकों का संरक्षण और संरक्षण, नए पुरातत्व स्थलों की खोज और खुदाई, पुरातत्व संग्रहालयों को चलाना, सर्वेक्षण और प्रलेखन, संरक्षण के क्षेत्र में छात्रों और पेशेवरों का प्रशिक्षण, किताबें प्रकाशित करना और प्रासंगिक विषयों पर शोध करना शामिल है। यह भारत में

विश्व विरासत स्थलों और अन्य राष्ट्रीय और स्थानीय रूप से महत्वपूर्ण विरासत स्थलों का प्रबंधन भी करता है, जिसमें पर्यटकों के आने और टिकट आदि की सुविधाएं शामिल हैं।

3.4 ASI के संरक्षण के सिद्धांत

भारतीय पुरातत्व सर्वेक्षण के संरक्षण के सिद्धांत (ASI द्वारा संरक्षित प्राचीन स्मारकों और पुरातत्व स्थलों के संरक्षण के लिए 2014 राष्ट्रीय नीति से, https://asi.nic.in/ पर उपलब्ध) इस प्रकार हैं:

1. *स्मारकों, पुरातात्विक स्थलों और अवशेषों का संरक्षण एक स्मारक के भीतर सभी आवश्यक क्रियाएं या हस्तक्षेप करता है, जो आवश्यक समझे जाने पर किए जाते हैं: (ए) इसके जीवन और अस्तित्व को लम्बा करने के लिए; (बी) इसकी क्षति और गिरावट को रोकने के लिए; (सी) इसकी सेटिंग, संरचना और सामग्री पर क्षय के बाहरी एजेंटों (प्राकृतिक और मानव प्रेरित) के प्रभाव को कम करने के लिए; और (डी) इसे प्राकृतिक या मानव प्रेरित आपदाओं के लिए तैयार करना।*

2. *एक स्मारक या एक पुरातात्विक स्थल न्यूनतम हस्तक्षेप के अधीन होना चाहिए - केवल यदि आवश्यक हो - ताकि इसकी प्रामाणिकता और अखंडता को बनाए रखा जा सके। मूल / ऐतिहासिक सामग्री और एक वास्तुशिल्प / सजावटी विवरण (संरचनात्मक या गैर-संरचनात्मक) को यथासंभव लंबे समय तक मूल्यवान और बनाए रखा जाना चाहिए। उन्हें उचित जांच किए बिना या सिर्फ इसलिए नहीं बदला जाना चाहिए क्योंकि मामूली क्षरण या गिरावट की प्राकृतिक प्रक्रियाओं के परिणामस्वरूप ये अपना मूल रूप और स्वरूप खो चुके हैं।*

3. *एक स्मारक के संरक्षण के सभी प्रयास इसके मूल्य और महत्व, इसकी प्रामाणिकता और अखंडता, स्मारक से इसके कनेक्शन और इसके मूल / ऐतिहासिक स्वरूप के एक वफादार प्रतिनिधित्व को बनाए रखने के लिए किए जाने चाहिए। इस तरह के प्रयास का उद्देश्य यह सुनिश्चित करना होना चाहिए कि स्मारक को उसकी मूल स्थिति में रखा जाए या, कुछ मामलों में, स्मारक की पहले से ज्ञात स्थिति में, या उस स्थिति में बहाल किया जाए, जैसा कि इसकी पहचान के समय खोजा गया था।*

4. *स्मारक का संरक्षण एक सतत प्रक्रिया है। भावी पीढ़ी के लिए इसे संरक्षित करने के लिए पर्याप्त संसाधन (मानव और वित्तीय) उपलब्ध कराए जाने चाहिए।*

5. *स्मारक का संरक्षण, किसी भी परिस्थिति में, किसी भी अनुमान या कलात्मक कल्पना पर आधारित नहीं होना चाहिए और विश्वसनीय दस्तावेजी साक्ष्य (पिछले संरक्षण रिकॉर्ड, दस्तावेज, पेंटिंग स्केच, रेखाचित्र, फोटोग्राफ, यात्रा-वृत्तांत, आदि) और स्वस्थाने पुरातात्विक साक्ष्य पर आधारित होना चाहिए।.*

6. *संरक्षण को एक बहु-अनुशासनात्मक उद्यम के रूप में माना जाना चाहिए जो स्मारक पर कार्य करने वाली क्षय और गिरावट की विभिन्न एजेंसियों के खिलाफ समग्र समाधान विकसित करने पर केंद्रित है। प्रत्येक स्मारक के लिए एक व्यापक संरक्षण दर्शन और दृष्टिकोण विकसित करने के लिए सभी प्रासंगिक पहलुओं का व्यापक और सावधानीपूर्वक अध्ययन किया जाना चाहिए।*

7. *किसी स्मारक के समय-आयाम को बनाए रखने के लिए मूल या ऐतिहासिक सामग्री के संरक्षण को एक आवश्यक शर्त के रूप में लक्षित किया जाना चाहिए जो इसकी प्राचीनता की पुष्टि करता है और इसकी प्रामाणिकता को ईमानदारी से बनाए रखता है।*

8. *एक स्मारक के भीतर किए गए जीर्णोद्धार, समेकन, पुनरुत्पादन और रेट्रोफिटिंग जैसे हस्तक्षेपों को, जहां तक संभव हो, बाद में किए गए परिवर्तन/मरम्मत/पुनर्स्थापना आदि के रूप में स्पष्ट रूप से देखा जाना चाहिए, ताकि उन्हें स्मारक के मूल ताने-बाने से स्पष्ट रूप से पहचाना जा सके। बहरहाल, कुछ मामलों में, जहां संरचना के मूल ताने-बाने के साथ एक नए हस्तक्षेप को विलय करने के इरादे से एक स्मारक को बहाल किया जा रहा है, वास्तुशिल्प अखंडता को बनाए रखने के लिए, मूल सामग्री/विवरणों का मिलान करके बहुत सावधानी से काम किया जाना चाहिए। रूप, रंग और विशिष्टताओं के संदर्भ में अधिमानतः एक ही सामग्री के उपयोग के माध्यम से और मूल कपड़े में उपयोग किए जाने वाले पारंपरिक कौशल को नियोजित करते हुए। इस तरह के हस्तक्षेप, जहां तक संभव हो, प्रतिवर्ती होने चाहिए। ऐसे उद्देश्यों को प्राप्त करने के निर्णय को सावधानीपूर्वक दर्ज किया जाना चाहिए और आने वाली पीढ़ियों के लिए प्रलेखित किया जाना चाहिए।*

3.5 ASI के तहत संरक्षित स्मारकों की श्रेणियां

ASI के तहत संरक्षित स्मारकों की विभिन्न श्रेणियां इस प्रकार हैं:

- श्रेणी I विश्व धरोहर स्थल
- श्रेणी II विश्व धरोहर स्थलों की अनंतिम सूची
- श्रेणी III साइटें जिन्हें विश्व धरोहर अस्थायी सूची में शामिल करने के लिए पहचाना गया है
- श्रेणी IV टिकट वाले स्मारक (उपर्युक्त के अलावा अन्य)
- श्रेणी V स्मारक जिन्हें टिकट वाले स्मारकों के रूप में वर्गीकृत करने के लिए पहचाना गया है\
- श्रेणी VI जीवित स्मारक जहां बड़ी संख्या में आगंतुक या तीर्थयात्री आते हैं
- श्रेणी VII शहरी/अर्द्धशहरी सीमाओं और दूर-दराज के गांवों में स्थित अन्य स्मारक
- श्रेणी VIII कोई अन्य श्रेणी जिसे प्राधिकरण उचित समझे

3.6 निष्कर्ष

3.6 ASI में हालिया विकास

हाल के वर्षों में ASI में कई महत्वपूर्ण विकास हुए हैं जो विरासत संरक्षण में प्रौद्योगिकी, सार्वजनिक-निजी भागीदारी और अंतर्राष्ट्रीय सहयोग पर नए जोर को दर्शाते हैं।

विरासत गोद लें 2.0 (Adopt a Heritage 2.0): 2023 में शुरू किया गया "विरासत गोद लें 2.0" कार्यक्रम विरासत स्मारकों की देखभाल और प्रचार के लिए ASI तथा कॉर्पोरेट हितधारकों के बीच सहयोग को बढ़ावा देने हेतु एक सार्वजनिक-निजी भागीदारी पहल है। इस कार्यक्रम के तहत सार्वजनिक क्षेत्र की कंपनियां और कुछ निजी व्यवसाय — जिन्हें "स्मारक मित्र" कहा जाता है — स्मारकों को गोद लेते हैं और पेयजल, पहुंच की सुविधा, निगरानी प्रणाली और पर्यटन सुविधा केंद्रों जैसी बुनियादी सुविधाएं प्रदान करने के लिए जिम्मेदार होते हैं। इस कार्यक्रम में कॉर्पोरेट सामाजिक दायित्व (CSR) निधि का उपयोग किया

जाता है। मार्च 2024 में ASI ने इस योजना के तहत कई महत्वपूर्ण स्मारकों के गोद लेने को औपचारिक रूप देने के लिए विभिन्न एजेंसियों के साथ समझौता ज्ञापनों पर हस्ताक्षर किए।

बजट और विस्तार: ASI के तहत स्मारकों के संरक्षण के लिए आवंटित राजस्व में हाल के वर्षों में लगभग 70% की वृद्धि हुई है। 2020-21 में आवंटन 260.90 करोड़ रुपये था, जबकि 2023-24 में आवंटन और व्यय दोनों बढ़कर 443.53 करोड़ रुपये हो गए। ASI वर्तमान में 3,698 केंद्रीय संरक्षित स्मारकों और स्थलों की रक्षा और रखरखाव करता है। उत्खनन के लिए वित्त पोषण भी 2014-15 के 6.53 करोड़ रुपये से दोगुना से अधिक होकर 2024-25 में 15 करोड़ रुपये हो गया है।

यूनेस्को विश्व धरोहर समिति की मेज़बानी: भारत ने जुलाई 2024 में नई दिल्ली के भारत मंडपम में यूनेस्को विश्व धरोहर समिति के 46वें सत्र की मेज़बानी की। 43 विश्व धरोहर स्थलों के संरक्षक के रूप में (2024 तक, जिनमें असम के चराईदेव मैदाम सबसे हाल में अंकित हुए), इस प्रतिष्ठित सत्र की मेज़बानी करना वैश्विक विरासत संरक्षण में भारत की बढ़ती प्रतिष्ठा को दर्शाता है। भारत ने 2024 में सांस्कृतिक संपत्ति के अवैध व्यापार को रोकने और चोरी हुई पुरावशेषों की वापसी में सुविधा देने के लिए संयुक्त राज्य अमेरिका के साथ एक सांस्कृतिक संपत्ति समझौते पर भी हस्ताक्षर किए।

3.7 निष्कर्ष

इस अध्याय में हमने भारतीय पुरातत्व सर्वेक्षण, उसके इतिहास, संरक्षण के सिद्धांतों, हालिया विकासों और वैश्विक विरासत संरक्षण में उसकी बढ़ती भूमिका की संक्षिप्त चर्चा की है।

इस अध्याय में हमने भारत के पुरातत्व सर्वेक्षण और उसके इतिहास और संरक्षण के सिद्धांतों की चर्चा की है।

अध्याय 4: कला और सांस्कृतिक विरासत के लिए भारतीय राष्ट्रीय ट्रस्ट (INTACH) का परिचय

इस अध्याय में, हम इंडियन नेशनल ट्रस्ट फॉर आर्ट एंड कल्चरल हेरिटेज (INTACH) पर चर्चा करते हैं, जो भारत में असुरक्षित स्मारकों के संरक्षण के लिए समर्पित एक गैर-लाभकारी संगठन है।

4.1 INTACH क्या है

INTACH सोसायटी अधिनियम के तहत पंजीकृत एक धर्मार्थ संगठन है। इसकी स्थापना 1984 में दिल्ली में हुई थी। इसका उद्देश्य भारत में असुरक्षित स्मारकों और सांस्कृतिक वस्तुओं के संरक्षण पर ध्यान केंद्रित करना और आम तौर पर जनता के बीच विरासत और संस्कृति के बारे में जागरूकता फैलाना है। यह महत्वपूर्ण स्मारकों के विनाश के खिलाफ जनता के बीच सक्रियता में भी शामिल है।

यह सदस्यों की संख्या के हिसाब से भारत में संरक्षण से संबंधित सबसे बड़ा संगठन है।

चित्र: INTACH का लोगो। Http://www.intach.org/ से लिया गया

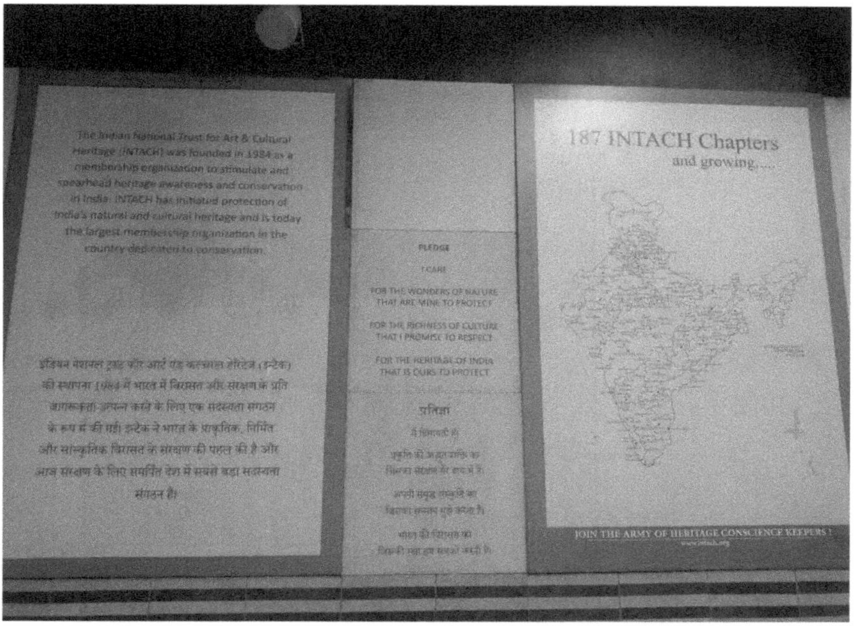

चित्र: दिल्ली में जोर बाग मेट्रो स्टेशन पर एक प्रदर्शनी से INTACH पर पोस्टर। लेखक द्वारा लिया गया फोटो।

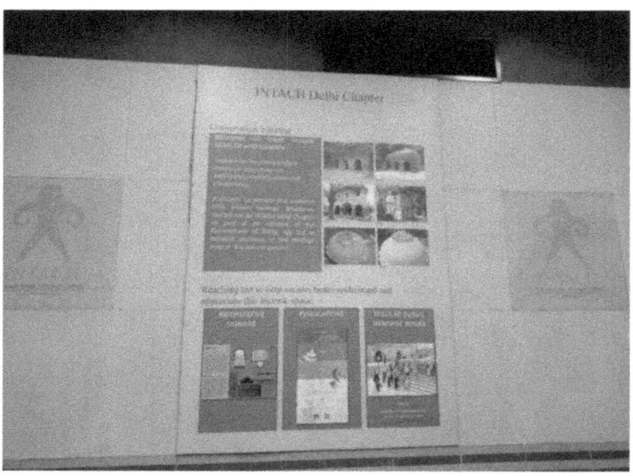

चित्र: दिल्ली में जोर बाग मेट्रो स्टेशन पर एक प्रदर्शनी से INTACH दिल्ली चैप्टर पर पोस्टर। लेखक द्वारा लिया गया फोटो।

4.2 INTACH का चार्टर

INTACH चार्टर (INTACH वेबसाइट http://www.intach.org/about-charter.php से लिया गया) इस प्रकार है:

भारत में असुरक्षित वास्तुकला विरासत और स्थलों के संरक्षण के लिए चार्टर

दो दशकों के लिए एक संस्थागत ढांचे के भीतर असुरक्षित वास्तुशिल्प विरासत और भारत के स्थलों के संरक्षण में भारतीय राष्ट्रीय कला और सांस्कृतिक विरासत ट्रस्ट (INTACH) के अनुभव का उपयोग करते हुए;

भारत के बेहतरीन स्मारकों के संरक्षण में भारतीय पुरातत्व सर्वेक्षण (ASI) और राज्य पुरातत्व विभाग (SDA) के अमूल्य योगदान का सम्मान करते हुए;

अभ्यास के वैज्ञानिक तरीकों को बढ़ावा देने और स्मारकों के संरक्षण में व्यावसायिकता के उच्चतम मानकों को स्थापित करने में एएसआई की अग्रणी भूमिका को महत्व देते हुए;

UNESCO, ICOMOS, et al द्वारा अपनाए गए विभिन्न अंतर्राष्ट्रीय चार्टर्स में प्रतिपादित सिद्धांतों के महत्व और प्रासंगिकता को स्वीकार करते हुए;

हालाँकि, यह जानते हुए कि भारत में अधिकांश वास्तुशिल्प विरासत संपत्तियाँ और स्थल अभी भी अज्ञात, अवर्गीकृत और असुरक्षित हैं, जिससे उपेक्षा, बर्बरता और असंवेदनशील विकास के कारण दुर्घटना होती है;

मास्टर बिल्डर्स/स्थापती/सोमपुरा/राज मिस्त्रियों की 'जीवित' विरासत के अद्वितीय संसाधन को पहचानना जो अपने पूर्वजों की परंपराओं का पालन करते हुए भवनों का निर्माण और देखभाल करना जारी रखते हैं;

संरक्षण प्रथा को रेखांकित करने वाले पारंपरिक दर्शन के रूप में भारत की मूर्त और अमूर्त स्थापत्य विरासत को बांधने वाले सहजीवी संबंध, जीर्णोधारम की अवधारणा को भी पहचानते हुए;

भारत में संरक्षण आर्किटेक्ट्स के एक प्रशिक्षित कैडर की बढ़ती भूमिका को ध्यान में रखते हुए जो समकालीन संरक्षण प्रथाओं के अर्थ और सीमाओं को फिर से परिभाषित कर रहे हैं;

यह मानते हुए कि जिन संदर्भों में वे पाए जाते हैं, उनके प्रति सहानुभूतिपूर्ण उचित दिशा-निर्देश तैयार करके भारत में असुरक्षित वास्तुशिल्प विरासत और स्थलों को महत्व देना और संरक्षित करना आवश्यक है;

हम, INTACH के सदस्य, यहां नवंबर 2004 के चौथे दिन नई दिल्ली में एकत्र हुए, भारत में असुरक्षित वास्तुकला विरासत और स्थलों के संरक्षण के लिए निम्नलिखित चार्टर को अपनाते हैं।

4.3 निष्कर्ष

इस अध्याय में हमने INTACH के बारे में चर्चा की है, जो भारत में संरक्षण से संबंधित सबसे बड़ा समाज है।

अध्याय 5: प्राचीन और मध्यकालीन भारत में स्थापत्य शैली का अवलोकन

इस अध्याय में, हम भारत में प्राचीन और मध्यकालीन युग के दौरान मंदिरों, मस्जिदों, महलों और अन्य स्मारकों के निर्माण में उपयोग की जाने वाली कुछ सामान्य स्थापत्य शैली पर चर्चा करेंगे।

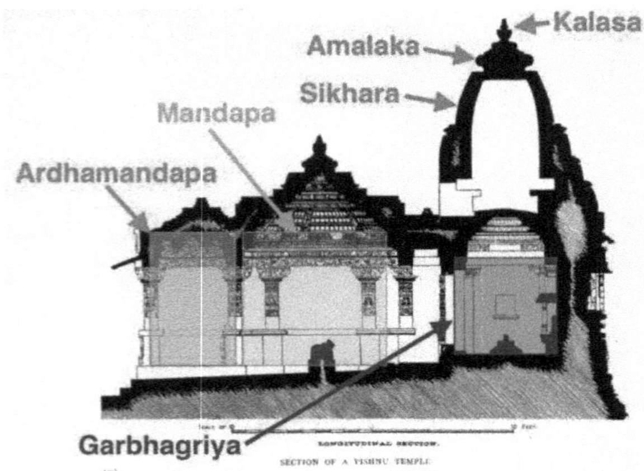

चित्र: नागर या उत्तर भारतीय शैली में हिंदू मंदिर वास्तुकला के तत्व। सारा वेल्च, CC BY-SA 4.0 <https://creativecommons.org/licenses/by-sa/4.0>, विकिमीडिया कॉमन्स के माध्यम से

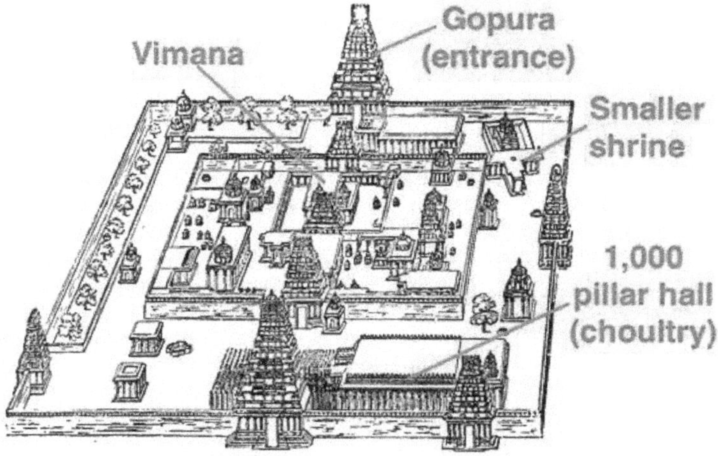

Temple at Tiruvallûr (from Râm Râz's Essay on the Architecture of the Hindus).

चित्रः तिरुवल्लुर तमिल हिंदू मंदिर परिसर, मंदिर वास्तुकला की विशिष्ट द्रविड़ शैली में निर्मित। ई.बी. हैवेल (1915), विकिमीडिया कॉमन्स के माध्यम से पब्लिक डोमेन

5.1 प्राचीन भारत में हिन्दू मंदिरों के निर्माण के सिद्धांत

प्राचीन भारत में, हिंदू मंदिरों के निर्माण में वास्तु शास्त्र नामक शास्त्र से लिए गए सिद्धांतों का पालन किया जाता था। इनमें अभिविन्यास, ज्यामिति, अनुपात, प्रतीकवाद और सौंदर्यशास्त्र जैसी चीजें शामिल थीं। मंदिर और मुख्य द्वार आमतौर पर पूर्वाभिमुख होते हैं। ज्यामितीय आकृतियों जैसे वृत्त और वर्ग आमतौर पर उपयोग किए जाते हैं। गर्भ गृह या गर्भ कक्ष सबसे भीतरी स्थान है जहां देवता की मूर्ति रखी जाती है। मंदिर के सबसे ऊंचे हिस्से को शिखर के नाम से जाना जाता है, जिसे दक्षिण भारतीय मंदिरों में विमान कहा जाता है।

अक्सर, निर्माण में स्थानीय रूप से उपलब्ध सामग्री जैसे पत्थर, लकड़ी और धातु का उपयोग किया जाता था। मंदिरों को आमतौर पर जटिल नक्काशी और मूर्तियों से सजाया जाता था।

प्राचीन और मध्ययुगीन भारतीय हिंदू मंदिर कुछ विशिष्ट स्थापत्य शैली का अनुसरण करते हैं, जिनकी चर्चा नीचे की गई है:

नागर या उत्तर भारतीय शैली का मंदिर स्थापत्य: खजुराहो के मंदिर और काशी विश्वनाथ मंदिर इसी शैली में बने हैं। इस शैली में, मंदिरों में एक गर्भगृह या आंतरिक गर्भगृह होता था जिसमें देवता होते थे, जो सीधे शिखर या सबसे ऊंचे टॉवर के नीचे स्थित होता था। अक्सर मंदिर एक अधिष्ठान या प्लिंथ या बेस प्लेटफॉर्म पर बनाया जाता था, कभी-कभी मंदिर की ओर जाने वाली सीढ़ियों के साथ। गर्भगृह तक पहुँचने से पहले, भक्त को प्रवेश द्वार के बरामदे या अर्ध मंडप से गुजरना पड़ता था, जिसके बाद वे अंत में गर्भगृह तक पहुँचने से पहले मंतपा या मंडली हॉल में प्रवेश करते थे। भक्तों द्वारा मंदिर की परिक्रमा के लिए प्राय: एक मार्ग भी होता था। मंदिर परिसर के चारों ओर आमतौर पर कोई दीवार मौजूद नहीं होती है।

द्रविड़ या दक्षिण भारतीय शैली का मंदिर वास्तुकला: तंजावुर में बृहदेश्वर शिव मंदिर, चिदंबरम में शिव मंदिर, मदुरै में मीनाक्षी मंदिर, तिरुमाला में वेंकटेश्वर बालाजी मंदिर वास्तुकला की इस शैली में निर्मित हैं। यहां प्राय: मंदिर परिसर के चारों ओर ऊंची दीवार होती है। मंदिर के सामने एक लंबा गोपुरम या प्रवेश द्वार है, जो कई मंजिलों के साथ ऊंचा हो सकता है। मुख्य मंदिर की मीनार को विमान के रूप में जाना जाता है जो एक सीढ़ीदार पिरामिड के आकार का है। मंदिर परिसर में प्राय: 1000 खंभों वाला हॉल होता है जिसमें कई अलंकृत स्तंभ होते हैं। कई छोटे मंदिर भी आम तौर पर मंदिर परिसर का हिस्सा होते हैं। गर्भ गृह में आमतौर पर दो भयंकर दिखने वाले द्वारपालों की मूर्तियाँ होती हैं जो देवता की रक्षा करते हैं। आमतौर पर मंदिर के सामने एक स्तम्भ होता है। मंदिर परिसर में पानी का एक चौकोर आकार का जलाशय भी है। मंदिर आमतौर पर आधार मंच (जैसा कि नागर शैली के मंदिरों में होता है) के बजाय समतल जमीन पर होता है।

मंदिर वास्तुकला की कलिंग या उड़िया शैली: यह पुरी में जगन्नाथ मंदिर और भुवनेश्वर में लिंगराज मंदिर में पाया जाता है। यह नागर शैली के कुछ तत्वों को द्रविड़ शैली के साथ जोड़ती है, साथ ही अपने स्वयं के कुछ अनूठे तत्वों को जोड़ती है। इसमें प्रवेश संरचना शामिल है जिसे भोग मंदिर के रूप में जाना जाता है, उसके बाद नट मंदिर, उसके बाद जगमोहन और अंत में गर्भगृह है।

मंदिर स्थापत्य की अन्य शैलियाँ: बंगाल के मंदिरों की अनूठी विशेषताएं भी हैं जैसे बिष्णुपुर के टेराकोटा मंदिर, असमिया मंदिर जैसे गुवाहाटी में कामाख्या मंदिर, पश्चिमी भारत के मंदिर आदि।

चित्र: कलिंग शैली में निर्मित भुवनेश्वर में लिंगराज मंदिर परिसर। लेखक द्वारा लिया गया फोटो।

चित्र: द्रविड़ शैली में निर्मित मदुरै में मीनाक्षी मंदिर का गोपुरम। लेखक द्वारा लिया गया फोटो।

चित्र: कलिंग शैली में बना भुवनेश्वर का लिंगराज मंदिर। लेखक द्वारा लिया गया फोटो।

चित्र: बंगाल शैली में बना कोलकाता का दक्षिणेश्वर काली मंदिर। लेखक द्वारा लिया गया फोटो।

चित्र: दिल्ली में जामा मस्जिद, 17वीं शताब्दी में मुगल सम्राट शाहजहाँ द्वारा निर्मित। लेखक द्वारा लिया गया फोटो।

5.2 भारत में मस्जिदों के निर्माण के सिद्धांत

मंदिरों की तरह, भारत में मस्जिदों में कुछ सामान्य वास्तुशिल्प तत्व और कुछ विशिष्ट शैलियाँ हैं।

मस्जिदों के सामान्य वास्तुशिल्प तत्व इस प्रकार हैं: इसमें नमाज़ अदा करने के लिए मण्डली के लिए जगह होती है, जो एक संलग्न प्रार्थना कक्ष या एक खुला प्रांगण हो सकता है। इसमें एक या एक से अधिक मीनारें हैं जहाँ से दिन में पाँच बार अजान दी जाती है। इसमें वुज़ू या पैर धोने की रस्म के लिए जगह के साथ पानी की टंकी या नल है। मुख्य इमारत में मस्जिद की दीवार में मिहराब या एक आला होता है जो मक्का की दिशा को इंगित करता है, जिसके सामने नमाजी प्रार्थना करते हैं। इमाम के लिए एक छोटा मंच हो सकता है। इसमें अक्सर (लेकिन हमेशा नहीं) एक गुंबद होता है, या कुछ मामलों में 3 गुंबद होते हैं, जो गोलाकार या प्याज के बल्ब के आकार के हो सकते हैं। दीवारों या प्रवेश द्वार पर पवित्र कुरान की आयतों की सुलेख हो सकती है। मस्जिद की दीवारों को ज्यामितीय पैटर्न से सजाया जा सकता है। वे ईंट, पत्थर और प्लास्टर जैसी सामग्रियों का उपयोग करके बनाए जाते हैं, और अक्सर जटिल टाइलवर्क और नक्काशी से सजाए जाते हैं। मस्जिद के बाहरी हिस्से में आंगन के चारों ओर एक मुख्य प्रवेश द्वार और पक्षों पर द्वितीयक प्रवेश द्वार और क्लोइस्टर शामिल हो सकते हैं।

भारत में सबसे पुरानी मस्जिदें 12वीं-13वीं सदी की दिल्ली सल्तनत काल की हैं। ये आमतौर पर संरचना में सरल होते हैं और इनमें पूरी तरह से गठित गुंबद नहीं हो सकते हैं। एक उदाहरण दिल्ली में कुतुब मीनार के बगल में कुव्वत उल मस्जिद है। मुगल साम्राज्य के दौरान मस्जिदों ने फ़ारसी, अरबी, मध्य एशियाई और हिंदू वास्तुकला सहित शैलियों के मिश्रण से तत्वों को अपनाया। अवध शैली, डेक्कन शैली, शिया शैली सभी भारत में मस्जिदों की अनूठी शैली हैं।

चित्र: दिल्ली में सफदरजंग का मकबरा, उत्तरकालीन मुगल शैली में 17वीं शताब्दी के मध्यकालीन इस्लामिक मकबरे का उदाहरण है। लेखक द्वारा लिया गया फोटो।

5.3 भारत में इस्लामी मकबरे

ताजमहल और हुमायूँ के मकबरे जैसे मध्यकालीन इस्लामी मकबरों के लेआउट के कुछ सामान्य सिद्धांत हैं। इसमें मुख्य इमारत है जिसमें मुख्य मकबरा है (अक्सर मुख्य व्यक्ति के साथ-साथ व्यक्ति के रिश्तेदारों की कब्रों के साथ) चारों तरफ सजाए गए और भव्य मेहराबदार प्रवेश द्वार हैं, जो एक बड़े गोलाकार या प्याज के आकार के गुंबद से घिरा हुआ है और मुगल उद्यानों से घिरा हुआ है। मस्जिदों की तरह, ज्यामितीय पैटर्न दीवारों को सुशोभित कर सकते हैं। इमारत आमतौर पर चौकोर आकार की होती है और एक उभरे हुए मंच पर स्थित होती है, जो चारों तरफ से प्रत्येक पर सममित होती है। निर्माण सामग्री में संगमरमर और बलुआ पत्थर शामिल हो सकते हैं।

5.4 निष्कर्ष

इस अध्याय में हमने प्राचीन और मध्यकालीन मंदिरों और मस्जिदों के निर्माण के कुछ सिद्धांतों की चर्चा की है। ऐसे सिद्धांतों का ज्ञान इन स्मारकों के पुनर्निर्माण और संरक्षण में सहायक हो सकता है।

अध्याय 6: स्मारकों के संरक्षण की तकनीकें

इस अध्याय में, हम भारत में स्मारकों के संरक्षण में उपयोग की जाने वाली कुछ तकनीकों पर चर्चा करेंगे।

6.1 संरक्षण के लिए प्राचीन बनाम आधुनिक तकनीकें

भारत में संरक्षण की प्राचीन तकनीक पारंपरिक ज्ञान और सामग्री पर आधारित थी, जो पीढ़ियों से चली आ रही थी। इन तकनीकों में शामिल हैं:

- **पारंपरिक और स्थानीय रूप से उपलब्ध सामग्रियों का उपयोग:** प्राचीन भारत में इमारतों के निर्माण में अक्सर पारंपरिक सामग्री जैसे मिट्टी की ईंट, चूना मोर्टार और प्राकृतिक रंजक का उपयोग किया जाता था। इसी तरह, स्थानीय रूप से उपलब्ध सामग्रियों का उपयोग स्मारकों और इमारतों की मरम्मत और रखरखाव के लिए किया जाता था, जैसे कि संरचनाओं की मरम्मत और पुनर्निर्माण के लिए बलुआ पत्थर, ग्रेनाइट और अन्य प्रकार की चट्टानों का उपयोग करना।

- **जलवायु नियंत्रण:** प्राचीन और मध्यकालीन भारत में मंदिर और किले जैसी इमारतें अक्सर स्थानीय जलवायु के अनुकूल बनाने के लिए बनाई जाती थीं। इसमें इमारतों के अंदरूनी हिस्सों और उनमें रहने वाले लोगों को गर्मियों की गर्मी और उच्च आर्द्रता से बचाने के लिए छायांकन और इन्सुलेशन के साथ संयुक्त प्राकृतिक वेंटिलेशन के तत्व शामिल थे।

भारत में संरक्षण की आधुनिक तकनीकें वैज्ञानिक सिद्धांतों और दिशानिर्देशों पर आधारित हैं। इन तकनीकों में निम्नलिखित शामिल हैं:

- **आधुनिक सामग्रियों का उपयोग:** आधुनिक संरक्षण कार्य में प्राय: प्रबलित सीमेंट कंक्रीट, स्टील और सिंथेटिक सामग्री जैसी आधुनिक सामग्रियों का उपयोग किया जाता है। स्मारकों और इमारतों के संरक्षण और प्रलेखन में उन्नत तकनीक जैसे लेजर स्कैनिंग, 3D मॉडलिंग और रिमोट सेंसिंग का भी उपयोग किया जा सकता है।

- **जलवायु नियंत्रण:** आधुनिक संरक्षण में इमारतों और स्मारकों की आंतरिक जलवायु को नियंत्रित करने के लिए आधुनिक तकनीक का उपयोग शामिल है, जैसे एयर कंडीशनिंग (AC), हीटिंग और वेंटिलेशन सिस्टम।

6.2 भवनों के संरक्षण के लिए सामान्य तकनीकें

भारत में विरासत स्मारकों का संरक्षण एक चुनौतीपूर्ण कार्य है, क्योंकि इसमें ऐसी संरचनाओं का संरक्षण और सुरक्षा शामिल है जो अक्सर सदियों पुरानी हैं, और जिनका ऐतिहासिक, सांस्कृतिक और स्थापत्य महत्व है। भारत में विरासत स्मारकों के संरक्षण के लिए आमतौर पर इस्तेमाल की जाने वाली कुछ तकनीकों में शामिल हैं:

- **निवारक संरक्षण:** इसमें स्मारक के बिगड़ने की दर को धीमा करने के लिए निवारक उपाय करना शामिल है, जैसे पर्यावरण को नियंत्रित करना, कीट प्रबंधन और अपक्षय से सुरक्षा।
- **संरचनात्मक स्थिरीकरण:** इसमें किसी स्मारक की मौजूदा संरचना को और अधिक खराब होने से बचाने के लिए उसे मजबूत और स्थिर करना शामिल है। यह आधुनिक सामग्री जैसे प्रबलित सीमेंट कंक्रीट या पारंपरिक सामग्री जैसे मिट्टी और चूने के साथ किया जा सकता है।
- **मूल सामग्रियों का संरक्षण:** इसमें किसी स्मारक की मूल सामग्री, जैसे पत्थर, ईंटें और प्लास्टर को संरक्षित और संरक्षित करना शामिल है, ताकि इसे और अधिक खराब होने से बचाया जा सके। यह मरम्मत और रखरखाव के दौरान संरक्षण-ग्रेड सामग्री, जैसे चूना मोर्टार और प्राकृतिक रंजक का उपयोग करके किया जा सकता है।
- **सफाई और समेकन:** इसमें गंदगी, जमी हुई गंदगी और अन्य प्रदूषकों को हटाने के साथ-साथ स्मारक की सतह को मजबूत करने के लिए स्मारक की सतह को साफ और मजबूत करना शामिल है। यह सफाई समाधान और समेकन एजेंटों जैसे चूने और सीमेंट का उपयोग करके किया जा सकता है।

- **जलवायु नियंत्रण:** यह एयर कंडीशनिंग और वेंटिलेशन सिस्टम के उपयोग के साथ-साथ छायांकन और इन्सुलेशन के उपयोग के माध्यम से किया जा सकता है।
- **जीर्णोद्धार और पुनर्निर्माण:** क्षतिग्रस्त इमारतों को उनके मूल रूप में बहाल करना पारंपरिक सामग्रियों और तकनीकों, जैसे चूना मोर्टार के उपयोग के माध्यम से किया जा सकता है।

6.3 संरक्षण में डिजिटल तकनीकें

हाल के वर्षों में, डिजिटल तकनीकों ने विरासत संरक्षण के क्षेत्र में क्रांति ला दी है। ये तकनीकें प्रलेखन, विश्लेषण और जीर्णोद्धार योजना के लिए शक्तिशाली नए उपकरण प्रदान करती हैं। भारत में इन तकनीकों को पारंपरिक संरक्षण विधियों के साथ-साथ तेजी से अपनाया जा रहा है।

3D लेजर स्कैनिंग और LiDAR: स्थलीय लेजर स्कैनिंग (TLS) और LiDAR तकनीक से संरक्षणकर्ता बिना किसी भौतिक संपर्क के विरासत संरचनाओं के अत्यंत सटीक, मिलीमीटर-परिशुद्धता वाले त्रि-आयामी बिंदु-बादल (point clouds) बना सकते हैं। ये डिजिटल मॉडल संरचनात्मक कमजोरियों जैसे सूक्ष्म दरारों या झुकाव की पहचान करने, संरक्षण योजना बनाने और जीर्णोद्धार कार्य का मार्गदर्शन करने के लिए व्यापक अभिलेख के रूप में काम करते हैं। वे पर्यटन के लिए वर्चुअल टूर और इमर्सिव अनुभव बनाने में भी सहायक हैं। उत्तर प्रदेश में लखनऊ और वाराणसी के नवाबी युग के महलों और मंदिरों पर TLS का उपयोग किया गया है। भारत सरकार के विज्ञान और प्रौद्योगिकी विभाग द्वारा वित्त पोषित इंडियन डिजिटल हेरिटेज (IDH) परियोजना ने हम्पी में क्षतिग्रस्त मूर्तियों, भित्ति चित्रों और शिलालेखों को डिजिटल रूप से पुनर्स्थापित करने और आगंतुकों को खोई हुई संरचनाओं के काल्पनिक पुनर्निर्माण का अनुभव कराने के लिए 3D लेजर स्कैनिंग का उपयोग किया।

कृत्रिम बुद्धिमत्ता (AI) और मशीन लर्निंग: उच्च-रिज़ॉल्यूशन स्कैनिंग और स्थिति-निगरानी सेंसर के साथ संयुक्त AI उपकरण स्मारकों में गिरावट के प्रारंभिक संकेतों — जैसे क्षरण, सूक्ष्म दरारें और संरचनात्मक झुकाव — का पता लगाने में सक्षम हैं। इससे प्रतिक्रियाशील मरम्मत की जगह सक्रिय संरक्षण संभव

हो जाता है। मुंबई में एलीफेंटा गुफाओं में उन्नत 3D स्कैनिंग और जेनरेटिव AI का उपयोग करके 1,500 वर्ष पुराने यूनेस्को विश्व धरोहर स्थल को वर्चुअल अन्वेषण के लिए पुनः निर्मित किया गया है, जिसमें प्राचीन पत्थर की नक्काशी को जीवंत बनाने वाले इंटरैक्टिव "टॉकिंग टूर" शामिल हैं।

राष्ट्रीय स्मारक और पुरावशेष मिशन (NMMA): 2007 में स्थापित राष्ट्रीय स्मारक और पुरावशेष मिशन (NMMA) भारत की विशाल निर्मित विरासत के डिजिटलीकरण में अग्रणी भूमिका निभा रहा है। इस मिशन ने 12.3 लाख से अधिक पुरावशेषों और 11,400 से अधिक विरासत स्थलों का दस्तावेजीकरण किया है। NMMA ने डिजिटल मानक निर्धारित किए हैं: निर्मित विरासत और पुरावशेषों की फोटोग्राफी 300 dpi रिज़ॉल्यूशन पर असंपीडित TIFF प्रारूप में की जानी चाहिए। डिजिटल स्पेस में भारतीय विरासत (IHDS) पहल 3D स्कैनिंग, वर्चुअल रियलिटी और AI सहित आधुनिक डिजिटल तकनीकों का उपयोग करके शोधकर्ताओं और आम जनता के लिए इमर्सिव अनुभव और शोध उपकरण बनाने का लक्ष्य रखती है।

ड्रोन और रिमोट सेंसिंग: उच्च-रिज़ॉल्यूशन कैमरों और LiDAR सेंसरों से सुसज्जित ड्रोन बड़े या दुर्गम स्मारक परिसरों का त्वरित हवाई सर्वेक्षण करने में सक्षम हैं। ASI ने भारतीय अंतरिक्ष अनुसंधान संगठन (ISRO) के सहयोग से कई ऐतिहासिक स्मारकों पर स्वचालित मौसम स्टेशन (AWS) स्थापित किए हैं, जो हवा की गति, वर्षा, तापमान और वायुमंडलीय दबाव जैसे पर्यावरणीय कारकों की निरंतर निगरानी करते हैं।

वर्चुअल और ऑगमेंटेड रियलिटी: वर्चुअल रियलिटी (VR) और ऑगमेंटेड रियलिटी (AR) तकनीकें अब संरक्षण उपकरण और जन जागरूकता दोनों के रूप में उपयोग की जा रही हैं। एलीफेंटा गुफाओं और हम्पी जैसे स्थलों के वर्चुअल टूर — Google Arts and Culture जैसे प्लेटफॉर्म के माध्यम से उपलब्ध — दुनिया भर के दर्शकों के लिए भारत की विरासत सुलभ बनाते हैं, साथ ही नाजुक स्थलों पर भौतिक दबाव को भी कम करते हैं। ASI ने asimustsee.nic.in पोर्टल भी बनाया है जो लगभग सौ प्रमुख स्मारकों को पैनोरमिक दृश्यों, ऐतिहासिक जानकारी और पहुंच विवरण के साथ प्रदर्शित करता है।

6.4 जलवायु परिवर्तन और स्मारक संरक्षण

जलवायु परिवर्तन आज भारत की निर्मित विरासत के लिए सबसे गंभीर समकालीन खतरों में से एक के रूप में उभरा है। बढ़ता तापमान, अनियमित मानसून वर्षा, चरम मौसम घटनाएं, बढ़ता समुद्र स्तर और तीव्र वायु प्रदूषण देश भर के स्मारकों को चिंताजनक गति से नुकसान पहुंचा रहे हैं।

इसके प्रभाव विविध और संयुक्त हैं। बढ़ता तापमान और तापीय उतार-चढ़ाव पत्थर, ईंट और मोर्टार में फैलाव-संकुचन से दरारें और सतह उखड़ने जैसी समस्याएं पैदा करते हैं। अत्यधिक आर्द्रता पत्थर की सतहों पर शैवाल, फफूंद और लाइकेन के विकास को बढ़ावा देती है। भारी मानसून वर्षा से भूमिगत पुरातात्विक स्थलों में बाढ़ और नींव में पानी का प्रवेश होता है। महाबलीपुरम का तट मंदिर और ओडिशा का कोणार्क सूर्य मंदिर जैसे तटीय स्मारकों को समुद्र के बढ़ते स्तर से नमक के क्षरण और तटीय अपरदन का सामना करना पड़ रहा है। अगस्त 2024 में राजस्थान के जैसलमेर में 12वीं शताब्दी के सोनार किले की दीवार का एक हिस्सा भारी वर्षा के कारण ढह गया, जो इस समस्या की गंभीरता को दर्शाता है।

ASI ने ISRO के सहयोग से प्रमुख स्मारकों पर स्वचालित मौसम स्टेशन स्थापित किए हैं। आगरा के ताजमहल और औरंगाबाद के बीबी का मकबरा पर वायु प्रदूषण प्रयोगशालाएं स्थापित की गई हैं। राष्ट्रीय आपदा प्रबंधन प्राधिकरण (NDMA) और ASI ने संयुक्त रूप से सांस्कृतिक विरासत स्थलों और परिसरों के लिए राष्ट्रीय आपदा प्रबंधन दिशानिर्देश विकसित किए हैं, जिनमें जोखिम मूल्यांकन और आपातकालीन प्रतिक्रिया प्रोटोकॉल शामिल हैं। जुलाई 2024 में नई दिल्ली में भारत मंडपम में आयोजित यूनेस्को विश्व धरोहर समिति के 46वें सत्र में भारत ने भारत और वैश्विक दक्षिण में संरक्षण के लिए यूनेस्को के विश्व धरोहर केंद्र को दस लाख अमेरिकी डॉलर देने का वचन दिया।

6.5 निष्कर्ष

इस अध्याय में, हमने पारंपरिक और आधुनिक दोनों तकनीकों, डिजिटल तकनीकों की बढ़ती भूमिका, तथा स्मारक संरक्षण के लिए जलवायु परिवर्तन की तत्काल चुनौती पर चर्चा की है।

अध्याय 7: स्मारकों के संरक्षण के उदाहरण

इस अध्याय में हम कुछ मामलों पर चर्चा करते हैं जहां भारतीय पुरातत्व सर्वेक्षण के नेतृत्व में संरक्षणवादियों द्वारा किए गए कार्य के परिणामस्वरूप भारत में विरासत स्मारकों का मरम्मत और संरक्षण हुआ है।

7.1 दिल्ली में हुमायूँ का मकबरा और आसपास के क्षेत्र

दिल्ली में हुमायूँ का मकबरा यूनेस्को की विश्व धरोहर स्थल है और मुगल वास्तुकला का एक महत्वपूर्ण उदाहरण है। भारतीय पुरातत्व सर्वेक्षण (ASI) और भारत सरकार के साथ साझेदारी में आगा खान ट्रस्ट फॉर कल्चर (AKTC) के नेतृत्व में 21 वीं शताब्दी की शुरुआत में मकबरे की एक बड़ी बहाली परियोजना हुई थी।

चित्र: दिल्ली में हुमायूँ के मकबरे का दृश्य। लेखक द्वारा लिया गया फोटो।

चित्र: हुमायूँ के मकबरे पर किए गए संरक्षण कार्य के बारे में पोस्टर। लेखक द्वारा लिया गया फोटो।

चित्र: सुंदर नर्सरी पर एक पोस्टर। सुंदर नर्सरी, हुमायूँ के मकबरे के बगल में स्थित एक पार्क है, जो विरासत स्मारकों से भरा हुआ है, जिसका रख-रखाव आगा खान ट्रस्ट के फंड से किया जाता है। लेखक द्वारा लिया गया फोटो।

जीर्णोद्धार परियोजना ने मकबरे के संरक्षण और संरक्षण के साथ-साथ मकबरे के आसपास के बगीचे और पानी की सुविधाओं के जीर्णोद्धार पर ध्यान केंद्रित किया था। परियोजना में बलुआ पत्थर और चूना मोर्टार जैसी सामग्रियों का उपयोग करके संरचनात्मक स्थिरीकरण के घटक थे।

परियोजना के दौरान, मकबरे की सतह को साफ और समेकित किया गया था। ऐतिहासिक अभिलेखों और शोधों के आधार पर, मकबरे के आसपास के बगीचे और पानी की सुविधाओं को उनकी मूल स्थिति में बहाल कर दिया गया था। साथ ही मकबरे के आसपास के क्षेत्रों में निजामुद्दीन झुग्गी में सुविधाओं में सुधार किया गया था और कुछ लोगों को संरक्षण में लाभकारी रूप से नियोजित किया गया था।

आसपास की कई महत्वपूर्ण विरासत संरचनाएं जो हुमायूं के मकबरे के परिसर का हिस्सा नहीं हैं, उन्हें सुंदर नर्सरी नामक एक सुंदर पार्क बनाकर संरक्षित किया गया था, जो विरासत भवनों के आसपास बगीचों और हरे-भरे पेड़ों से भरा हुआ था।

चित्र: चोल राजा राजराजा चोल द्वारा निर्मित तंजावुर में बृहदीश्वर मंदिर। लेखक द्वारा लिया गया फोटो।

7.2 तंजावुर में बृहदेश्वर मंदिर

चोल बड़ा मंदिर, जिसे बृहदेश्वर मंदिर के नाम से भी जाना जाता है, तमिलनाडु के तंजावुर में स्थित एक यूनेस्को विश्व धरोहर स्थल है। यह चोल स्थापत्य कला का उत्कृष्ट उदाहरण है। इसे 11वीं शताब्दी में राजराजा चोल ने बनवाया था।

ASI ने विभिन्न कार्यों का उपयोग करते हुए कई वर्षों तक मंदिर की मरम्मत की:

- एक पशु चिकित्सा अस्पताल जैसे अतिक्रमण की जगह को साफ करना था।
- एक और मंदिर के चारों ओर खाई और परिसर की दीवार के चारों ओर मिट्टी की खुदाई थी, जो लगभग भूतल स्तर तक दब गई थी।

- दूसरा नायक काल से कुछ चिनाई वाली दीवारों को हटाना था।
- मुख्य मंदिर की सतह को लाइकेन और काई से साफ किया गया था, फिर जोड़ों को जोड़ने के लिए प्लास्टर का इस्तेमाल किया गया था और मंदिर के मुख्य भवन से बचे हुए प्लास्टर का काम किया गया था।
- मंदिर की दीवारों और खंभों से लाइम वॉश कोट की सफाई के लिए, तार और कॉयर ब्रश से स्क्रबिंग के बाद आधुनिक सफाई सामग्री जैसे 2% सांद्रता के पतला अमोनिया का उपयोग किया गया था।
- परिसर में छोटे मंदिरों को भी सावधानी से बहाल किया गया था।

चित्र: सिंधु घाटी सभ्यता के लोथल स्थल का निचला शहर। बर्नार्ड गगनोन, CC BY-SA 3.0 <https://creativecommons.org/licenses/by-sa/3.0>, via Wikimedia Commons

7.3 लोथल में सिंधु घाटी स्थल

लोथल में सिंधु घाटी स्थल गुजरात, भारत में स्थित है। यह एक महत्वपूर्ण पुरातात्विक स्थल है जो सिंधु घाटी की हड़प्पा सभ्यता के समय का है, जो लगभग

2500 ईसा पूर्व में फला-फूला। भारतीय पुरातत्व सर्वेक्षण (एएसआई) के नेतृत्व में 21वीं सदी में इस स्थल पर एक प्रमुख जीर्णोद्धार परियोजना चल रही थी।

परियोजना साइट पर पुरातात्विक अवशेषों के संरक्षण और संरक्षण के साथ-साथ आसपास के क्षेत्र की बहाली पर केंद्रित थी। परियोजना में साइट के लेआउट और इतिहास की बेहतर समझ प्रदान करने के लिए साइट की खुदाई और प्रलेखन जैसे तत्व शामिल थे। साइट अपेक्षाकृत हाल ही में खोजी गई थी और इसलिए बहाली का काम अभी भी जारी है।

चित्र: नागार्जुनकोंडा द्वीप में प्रतिरोपित बौद्ध खंडहर। लेखक द्वारा लिया गया फोटो।

7.4 नागार्जुनकोंडा साइट का प्रत्यारोपण

नागार्जुनकोंडा आंध्र प्रदेश में एक महत्वपूर्ण पुरातात्विक स्थल और बौद्ध परिसर है। यह तीसरी शताब्दी ईस्वी के आसपास सातवाहनों के समय में फला-फूला।

साइट में कई स्तूप, मठ और अन्य संरचनाएं हैं। हालांकि, 1960 के दशक में नागार्जुनसागर बांध के निर्माण के कारण यह स्थल पानी में डूब गया था।

नागार्जुनकोंडा साइट की सांस्कृतिक विरासत को संरक्षित करने के लिए, भारत सरकार ने यूनेस्को के सहयोग से, जलमग्न होने से पहले साइट के "प्रत्यारोपण" की एक महत्वाकांक्षी परियोजना शुरू करने का फैसला किया। साइट की मैपिंग की गई और पारंपरिक सामग्रियों और तकनीकों का उपयोग करके प्रतिकृति संरचनाएं बनाई गईं। प्रतिकृति संरचनाओं को सावधानी से ले जाया गया और जल स्तर के ऊपर, पास के एक पहाड़ी की चोटी पर पुनर्निर्माण किया गया, जो साइट का नया स्थान था।

जबकि प्रत्यारोपण परियोजना साइट के भौतिक अवशेषों को संरक्षित करने में सफल रही, इसने साइट के मूल संदर्भ और सेटिंग को संरक्षित नहीं किया, जो कि किसी भी पुरातात्विक स्थल का एक महत्वपूर्ण पहलू है।

चित्र: बोधगया में महाबोधि मंदिर जीर्णोद्धार से पहले और 1899 में जीर्णोद्धार के कुछ वर्षों बाद। Public domain, via Wikimedia Commons

7.5 महाबोधि मंदिर की शीघ्र मरम्मत

भारत के बोधगया में स्थित महाबोधि मंदिर, यूनेस्को की विश्व धरोहर स्थल है और बौद्धों के लिए एक महत्वपूर्ण धार्मिक स्थल है। 19वीं सदी में मंदिर की कई बार मरम्मत और जीर्णोद्धार किया गया, क्योंकि यह सदियों से जर्जर हो गया था।

19वीं शताब्दी में एक प्रमुख मरम्मत का नेतृत्व एक ब्रिटिश पुरातत्वविद् अलेक्जेंडर कनिंघम ने किया था, जिसे भारतीय पुरातत्व सर्वेक्षण (ASI) के पहले महानिदेशक के रूप में नियुक्त किया गया था।

कनिंघम ने 1874 और 1885 के बीच जीर्णोद्धार कार्य का नेतृत्व किया, जिसमें संरचना को मजबूत करना, ईंट के काम की मरम्मत करना और लकड़ी के बीम को लोहे के साथ बदलना शामिल था।

एक अन्य प्रमुख मरम्मत का नेतृत्व ब्रिटिश सिविल सेवक और भाषाविद सर जॉर्ज ग्रियर्सन ने किया था, जिन्हें 1902 में भारतीय पुरातत्व सर्वेक्षण (ASI) के अधीक्षक के रूप में नियुक्त किया गया था। उन्होंने 1902 और 1912 के बीच बहाली के काम का नेतृत्व किया था। बहाली के काम में पुनर्निर्माण शामिल था, मंदिर के शिखर, ईंट के काम की मरम्मत और टेराकोटा की सजावट, और मूर्तियों और भित्तिचित्रों को पुनर्स्थापित करना।

7.6 विदेशों में भारत का संरक्षण कार्य: ता प्रोह्म और माई सन

ASI द्वारा दशकों में विकसित स्मारक संरक्षण की विशेषज्ञता को अब भारत की सीमाओं से परे, विशेष रूप से दक्षिण-पूर्व एशिया में विरासत स्थलों तक विस्तारित किया जा रहा है, जिनसे भारत हिंदू धर्म और बौद्ध धर्म के प्रसार के माध्यम से गहरे ऐतिहासिक और सांस्कृतिक संबंध साझा करता है।

ता प्रोह्म मंदिर, कंबोडिया: 2002 में भारत ने कंबोडिया के साथ प्रसिद्ध अंगकोर वाट विश्व धरोहर स्थल के ता प्रोह्म मंदिर परिसर की बहाली के लिए एक समझौते पर हस्ताक्षर किए। यह मंदिर 12वीं-13वीं शताब्दी ईस्वी में खमेर राजा जयवर्मन सप्तम द्वारा निर्मित है और प्राचीन पत्थर की संरचनाओं के साथ विशाल वृक्षों की जड़ों के नाटकीय समन्वय के लिए प्रसिद्ध है। ASI ने कंबोडिया की अंगकोर प्रबंधन प्राधिकरण (APSARA) के साथ मिलकर तकनीकी विशेषज्ञता, सामग्री और वित्त पोषण प्रदान किया। अधिकांश परिसर की बहाली

2012 तक पूरी हो गई। नवंबर 2022 में प्रतिष्ठित "डांसर्स हॉल" का जीर्णोद्धार पूर्ण हुआ और भारत के उपराष्ट्रपति ने इसका उद्घाटन किया। यह परियोजना इस बात का उदाहरण है कि कैसे भारत की संरक्षण विशेषज्ञता और कूटनीतिक संबंधों को साझा वैश्विक विरासत की रक्षा के लिए मिलाया जा सकता है।

माई सन चाम मंदिर, वियतनाम: ASI को वियतनाम के यूनेस्को विश्व धरोहर स्थल माई सन में प्राचीन चाम मंदिरों के तीन समूहों के संरक्षण और जीर्णोद्धार का कार्य भी सौंपा गया। 2017 में शुरू हुए इस कार्य में पुरातत्व, वास्तुकला और इंजीनियरिंग में विशेषज्ञ भारतीय दल ने चाम निर्माताओं द्वारा उपयोग की गई मूल सामग्रियों और तकनीकों पर गहन शोध किया। 2020 में जीर्णोद्धार के दौरान ASI टीम ने 9वीं शताब्दी ईस्वी का एक अखंड बलुआ पत्थर शिव लिंग खोजा। यह जीर्णोद्धार कार्य अप्रैल 2023 में पूरा हुआ। कंबोडिया और वियतनाम की ये परियोजनाएं वैश्विक विरासत संरक्षण में भारत की बढ़ती भूमिका का प्रमाण हैं और उस "सभ्यतागत जुड़ाव" को दर्शाती हैं जो भारत अपने विस्तारित पड़ोस के साथ साझा करता है।

7.7 निष्कर्ष

इस अध्याय में हमने भारत में और विदेशों में विरासत स्थलों के संरक्षण और मरम्मत के कुछ उदाहरणों पर विचार किया है, जो वैश्विक विरासत संरक्षण में भारत की बढ़ती भूमिका को रेखांकित करते हैं।

अध्याय 8: निष्कर्ष

इस पुस्तक के पिछले अध्यायों में हमने संरक्षण के कुछ सिद्धांतों की चर्चा की है। हमने विरासत स्मारकों के संरक्षण के लिए समर्पित भारतीय पुरातत्व सर्वेक्षण जैसे संगठनों के काम पर चर्चा की। हमने यह भी चर्चा की कि भारत में कुछ विरासत स्थलों और स्मारकों के संरक्षण और मरम्मत के लिए संरक्षण के सिद्धांतों को कैसे लागू किया गया।

साझी विरासत का संरक्षण हम सभी का दायित्व है। इसलिए इसे प्राथमिकता देना और संरक्षण में अपनी भूमिका निभाने के लिए मिलकर काम करना महत्वपूर्ण है। आम नागरिकों के लिए, इसमें उन कारकों के बारे में सीखना शामिल हो सकता है जो इमारतों को नुकसान पहुँचाते हैं और उन्हें कैसे संरक्षित किया जा सकता है। इसमें जागरूकता बढ़ाना और INTACH जैसे गैर-सरकारी संगठनों में शामिल होना या उनकी मदद करना भी शामिल है जो विरासत संरक्षण के लिए समर्पित हैं।

हम सब मिलकर काम करें तो ही भारत की गौरवशाली विरासत को भावी पीढ़ी के लिए संरक्षित रखा जा सकता है।

भारत का विरासत परिदृश्य तेज़ी से बदल रहा है। 2024 तक भारत के पास 43 यूनेस्को विश्व धरोहर स्थल हैं, जिनमें असम का चराईदेव मैदाम सबसे हाल में अंकित हुआ है। भारत ने 2024 में नई दिल्ली में यूनेस्को विश्व धरोहर समिति के 46वें सत्र की मेज़बानी की और वैश्विक स्तर पर संरक्षण के लिए यूनेस्को के विश्व धरोहर केंद्र को दस लाख अमेरिकी डॉलर देने का वचन दिया। "विरासत गोद लें 2.0" कार्यक्रम स्मारकों की देखभाल में कॉर्पोरेट संसाधनों को आकर्षित कर रहा है, जबकि राष्ट्रीय स्मारक और पुरावशेष मिशन भारत की निर्मित विरासत का एक व्यापक डिजिटल संग्रह तैयार कर रहा है। ये सभी सरकार, निजी क्षेत्र, नागरिक समाज और अंतर्राष्ट्रीय भागीदारों के एक व्यापक गठबंधन के निर्माण के प्रोत्साहक संकेत हैं जो भारत की सांस्कृतिक विरासत की सुरक्षा के लिए प्रतिबद्ध हैं।

लेखकों के बारे में

शिव प्रसाद बोस भारतीय कानूनों के पहलुओं से संबंधित कई परिचयात्मक गाइडबुक के लेखक हैं। वह वर्तमान में लखनऊ में उत्तर प्रदेश पावर कॉर्पोरेशन लिमिटेड में कई वर्षों की सेवा के बाद सेवानिवृत्त हुए हैं। उन्होंने कोलकाता के जादवपुर विश्वविद्यालय से इलेक्ट्रिकल इंजीनियरिंग की डिग्री प्राप्त की और मेरठ विश्वविद्यालय, मेरठ से कानून की डिग्री और एमएमएच कॉलेज गाजियाबाद से बीएससी किया। उनकी रुचि परिवार कानून, नागरिक कानून, अनुबंधों के कानून और बिजली से संबंधित मुद्दों से संबंधित कानून के क्षेत्रों में है।

जय बोस पेशे से डेटा साइंटिस्ट और बेंगलुरु स्थित लेखक हैं। उनके पास सैन फ्रांसिस्को के गोल्डन गेट विश्वविद्यालय से LLM (विधि स्नातकोत्तर) की उपाधि है।

शिव प्रसाद बोस की अन्य पुस्तकें

वसीयत और प्रोबेट का परिचय: भारतीय कानून के अनुसार

वरिष्ठ नागरिकों से दुर्व्यवहार: और इसे कैसे रोका जाये

पड़ोसियों के साथ समस्याएं: और इनसे कैसे निपटें

अदालती मुकदमों में मानसिक शक्ति बढ़ाएं

परक्राम्य लिखतों का परिचय

विवाह कानूनों का परिचय

पुस्तकों और ई-पुस्तकों को स्वयं प्रकाशित करें

अदालती मामलों में देरी: कारण और समाधान

पेटेंट और पेटेंट कानून का परिचय

संपत्ति कानून का परिचय

टॉर्ट कानून का परिचय

नई दिल्ली में छोटा बंगाल: चित्तरंजन पार्क गाइडबुक

www.ingramcontent.com/pod-product-compliance
Lightning Source LLC
LaVergne TN
LVHW050939210926
848482LV00013B/668
* 9 7 9 8 8 8 9 7 5 3 4 1 4 *